AF357472

JACQUES-ÉMILE BLANCHE

Propos de Peintre

DE DAVID A DEGAS

PREMIÈRE SÉRIE :

INGRES, DAVID, MANET, DEGAS, RENOIR.
CÉZANNE. WHISTLER, FANTIN-LATOUR, RICARD, CONDER,
BEARDSLEY, ETC.

Préface par MARCEL PROUST

QUATRIÈME ÉDITION

PARIS
ÉMILE-PAUL FRÈRES, ÉDITEURS
100, RUE DU FAUBOURG-SAINT-HONORÉ, 100
PLACE BEAUVAU

1919

DE DAVID A DEGAS

DU MÊME AUTEUR

Cahiers d'un Artiste :

PREMIÈRE SÉRIE. — Juin-novembre 1914.

DEUXIÈME SÉRIE. — Novembre 1914-Juin 1915.

TROISIÈME SÉRIE. — *Suite du Printemps à Paris.* — *Été en Normandie*, août-novembre 1915.

QUATRIÈME SÉRIE. — *Paris*, novembre 1915-août 1916.

CINQUIÈME SÉRIE. — Août-décembre 1916.

JACQUES-ÉMILE BLANCHE

Propos de Peintre

E DAVID A DEGAS

PREMIÈRE SÉRIE :

INGRES, DAVID, MANET, DEGAS, RENOIR,
CÉZANNE, WHISTLER, FANTIN-LATOUR, RICARD, CONDER,
BEARDSLEY, ETC.

Préface par MARCEL PROUST

PARIS
ÉMILE-PAUL FRÈRES, ÉDITEURS
100, RUE DU FAUBOURG-SAINT-HONORÉ, 100
PLACE BEAUVAU

1919

Justification du tirage

N°

PRÉFACE

Cet Auteuil de mon enfance, — de mon enfance et de sa jeunesse, — qu'évoque Jacques Blanche, je comprends qu'il s'y reporte avec plaisir comme à tout ce qui a émigré du monde visible dans l'invisible, à tout ce qui, converti en souvenirs, donne une sorte de plus-value à notre pensée, ombragée de charmilles qui n'existent plus. Mais cet Auteuil là m'intéresse encore davantage comme un même petit coin de la terre observable à deux époques, assez distantes, de son voyage à travers le Temps.

Entre ces jours anciens et ceux de maintenant, Auteuil, sans qu'il ait eu l'air de bouger, a traversé plus de vingt années, pendant lesquelles

1

Jacques-Émile Blanche a conquis la célébrité comme peintre et écrivain, alors que moi, dans les jardins voisins et au bord des mêmes vieux « Fontis », je n'ai attrapé que la fièvre des foins. Tout ce que, dans des pages qui sont des merveilles d'intelligence et de mélancolie, Jacques Blanche dit à propos de Manet, — de Manet que ses amis trouvaient charmant, mais ne prenaient pas au sérieux, ne « savaient pas si fort », — je l'ai vu se produire pour Blanche. Ici le milieu n'était pas le même et son élégance donnait une forme différente au malentendu, au fond identique, qui existe toujours entre ceux dont les yeux sont pleins malgré eux de la peinture d'hier et les auteurs des œuvres qui seront dignes du passé parce qu'elles ont été placées d'avance dans l'avenir, des œuvres qu'il faudrait pouvoir regarder en se mettant à la distance des années qu'elles anticipent et avec cette adaptation de la sensibilité qui exige précisément « du temps ».

Souvent, pendant que Jacques Blanche peignait, une belle dame couronnée de fleurs faisait arrêter sa victoria devant l'atelier. Elle descendait, contemplait, croyait juger. Comment eût-elle pu supposer qu'un chef-d'œuvre naissait sous les doigts d'un homme si bien habillé, avec lequel elle avait dîné la veille, qui s'était montré un causeur si fin et passait pour si méchant. Le proverbe — par extraordinaire — est faux qui dit : « Il n'y a pas de grand homme pour son valet de chambre. » Et il devrait être retouché ainsi : « Il n'y a pas de grand homme pour ses amphitryons, il n'y a pas de grand homme pour ses invités. » Quant à la « méchanceté », pour ma part, je n'ai connu que l'invariable expansion d'un grand cœur et la sérénité d'un juste. Cette « méchanceté » ou soi-disant telle, ne fut pas inutile à Jacques Blanche et s'il y a eu dans cette réputation un peu de sa faute, alors répétons le *Felix Culpa* qui était cher à Renan. Le danger pour Blanche c'était que, élégant, spirituel, il dissipât sa vie dans la mondanité. Mais la nature qui invente au besoin des névroses protectrices, de tutélaires infortunes, pour que le don nécessaire ne soit pas laissé en friche, voulut que ce renom de médisance le brouillât assez vite avec les gens qui l'eussent empêché de peindre, et, les jours où il eût peut-être mieux aimé aller à une garden-party, le rejetât de force dans son atelier avec la rudesse de l'Ange baudelairien : « Car je suis ton bon ange, entends-tu, je le veux. »

Si l'on savait mieux démêler « ces choses inconnues, où la douleur de l'homme entre comme élément », on verrait que nous devons beaucoup plus, dans la vie, aux choses qui nous ont été désagréables, qu'aux autres. Cette fois-ci c'est un proverbe qui le dit avec toute la force incluse en la plupart d'entre eux : « A quelque chose malheur est bon ».

Je ne peux pas me rappeler exactement si c'est dans l'incomparable salon de Mme Straus, dans celui de la Princesse Mathilde ou de Mme Baignères que j'ai fait la connaissance de Jacques Blanche, vers l'époque de mon service militaire, c'est-à-dire à peu près à vingt ans. En tout cas, c'est dans ces trois salons que je le retrouvais le plus souvent, et une esquisse au crayon qui a précédé mon portrait à l'huile a été faite avant le dîner, à Trouville, dans les admirables Frémonts qui étaient alors la résidence de Mme Arthur Baignères et où montaient du manoir des Roches ou de la villa Persane, la marquise de Galliffet, cousine germaine de la maîtresse de la maison, avec la princesse de Sagan, toutes deux dans leur élégance aujourd'hui à peu près indescriptible, d'anciennes belles de l'Empire.

Comme mes parents passaient le printemps et le commencement de l'été à Auteuil où Jacques Blanche habitait toute l'année, j'allais sans peine le matin poser pour mon portrait. A ce moment la maison qui s'est construite en hauteur, sur l'atelier même, comme une cathédrale sur la crypte de l'église primitive, était répandue, en ordre dispersé, dans les beaux jardins; et après la séance de pose, j'allais déjeuner dans la salle à manger du docteur Blanche, lequel, par habitude professionnelle, m'invitait de temps à autre au calme et à la modération. Si j'émettais une opinion que Jacques Blanche contredisait avec trop de force, le docteur, admirable de science et de bonté, mais habitué à avoir affaire à des fous, réprimandait vivement son fils : « Voyons, Jacques, ne le tourmente pas, ne l'agite pas. — Remettez-vous, mon enfant, tâchez de rester calme, il ne pense pas un mot de ce qu'il a dit; buvez un peu d'eau fraîche, à petites gorgées, en comptant jusqu'à cent. » D'autres fois je rentrais déjeuner tout près de la maison des Blanche, chez mon grand-oncle, encore à une « étape », (comme dirait M. Bourget) moins avancée, que M. et Mme Blanche, ces deux « grands bourgeois » dont Jacques-Émile a laissé d'inoubliables portraits, qui font penser aux Régents et Régentes de l'Hôpital, de Hals. (« C'est une opinion courante et presque banale que l'image de leur mère offre aux artistes une occasion sans seconde d'exprimer le tréfonds d'eux-mêmes », a dit Jacques Blanche, dans ce « Whistler » qui est la perle délicieuse et mélancolique, la verrerie la plus délicatement irisée de la présente collection.)

Cette maison que nous habitions avec mon oncle, à Auteuil au milieu d'un grand jardin qui fut coupé en deux par le percement de la rue (depuis l'avenue Mozart), était aussi dénuée de goût qu

possible. Pourtant je ne peux dire le plaisir que
j'éprouvais, quand après avoir longé en plein
soleil, dans le parfum des tilleuls, la rue Lafon-
taine, je montais un instant dans ma chambre où
l'air onctueux d'une chaude matinée avait achevé
de vernir et d'isoler, dans le clair-obscur nacré par
le reflet et le glacis des grands rideaux (bien peu
campagne) en satin bleu Empire, les simples
odeurs du savon et de l'armoire à glace ; quand
après avoir traversé en trébuchant le petit salon,
hermétiquement clos contre la chaleur, où un
seul rayon de jour, immobile et fascinateur,
achevait d'anesthésier l'air, et l'office où le cidre
— qu'on verserait dans des verres d'un cristal
un peu trop épais, qui donnerait en buvant
l'envie de les mordre, comme certaines chairs de
femme, à gros grains, en les embrassant — avait
tant rafraîchi que, tout à l'heure, introduit dans
la gorge, il pèserait contre les parois de celle-ci
en une adhérence totale, délicieuse et profonde,
— j'entrais enfin dans la salle à manger à l'atmosphère transparente et congelée comme une imma-
térielle agate que veinait l'odeur des cerises déjà

entassées dans les compotiers, et où les couteaux, selon la mode la plus vulgairement bourgeoise, mais qui m'enchantait étaient appuyés à de petits prismes de cristal. Les irisations de ceux-ci n'ajoutaient pas seulement quelque mysticité à l'odeur du gruyère et des abricots. Dans la pénombre de la salle à manger, l'arc-en-ciel de ces porte-couteaux projetait sur les murs des ocellures de paon qui me semblaient aussi merveilleuses que les vitraux — préservés seulement dans les exquis relevés et transpositions qu'en a donnés Helleu — de la cathédrale de Reims, de cette cathédrale de Reims que de sauvages Allemands aimaient tant, que ne pouvant la prendre de force ils l'ont vitriolée. Hélas! je ne prévoyais pas ce hideux crime passionnel contre une Vierge de pierre, je ne savais pas prophétiser, quand j'écrivis la « Mort des Cathédrales » (1).

Blanche dit bien gentiment de Manet, ce qui

----

(1) On peut aisément deviner que je n'ai pas attendu la défaite de l'Allemagne pour écrire ces lignes; elles lui sont antérieures; les gens qui crient « à mort » sur le passage d'un condamné me sont peu sympathiques, et je n'ai pas l'habitude d'insulter les vaincus.

est vrai aussi de lui, Blanche, (et ce qui explique
en partie le temps qu'on a mis à le faire sortir de
la catégorie des « amateurs distingués »), qu'il
était modeste, humain, sensible à la critique. Il
faudrait pouvoir insister sur ces qualités familières généralement associées au talent et qui em-
pêchent, pour une forte part, qu'il soit reconnu.
Pour montrer que, (sans talent compensateur,
hélas!) je comprends fort bien tout de même
ce genre de caractère qui, sous une forme ou
une autre, est celui de tous les grands artistes
étudiés par Jacques Blanche dans ce livre, je
dirai en me laissant aller aux souvenirs de cet
Auteuil de mon adolescence, que par nature et par
éducation, il m'eût alors semblé du plus mauvais
goût de faire état d'avantages ou de prétendus
avantages, que des camarades avec qui je me
trouvais ne possédaient pas. Que de fois, rencontrant à la gare Saint-Lazare des étudiants qui
rentraient aussi à Auteuil, ai-je, en rougissant,
dissimulé, pour qu'ils ne pussent pas le voir, mon
billet de première et suis-je monté en troisième
comme eux, avec l'air de n'avoir jamais connu de

ma vie d'autres compartiments. Pour la même raison, je me cachais aux yeux des mêmes collégiens d'aller déjà, et du reste bien peu à cette époque, dans le monde, si bien que mon « manque de relations » excitait chez eux une véritable pitié et qu'ils n'eussent pas cru pouvoir me laisser apercevoir par les gens qu'ils considéraient comme élégants. Je me rappelle qu'une fois, comme je sortais de chez Blanche, je montai chez un de ces jeunes gens qui, probablement « recevait » ce jour-là sans que je le susse. En entendant la sonnette, il vint ouvrir lui-même croyant qu'il allait se trouver devant un de ses invités. Mais, en me voyant, il fut pris de la terreur folle que des personnes de ses relations pussent rencontrer un être qui avouait lui-même n'en avoir aucune, et avec l'agilité du kangouroo boxeur ou de l'ami qui dans un vaudeville précipite le mari hors de la chambre où il pourrait trouver sa femme avec un amant, il me fit descendre les escaliers, aussi vite je pense qu'un commandant de sous-marin fait quitter un navire torpillé à ses malheureux passagers, en me criant : « Excusez-

moi, mon cher, votre présence ici est impossible,
vous comprendrez tout d'un mot, j'ai à goûter
les Dutilleul. » Je ne savais pas et n'ai jamais
appris depuis qui étaient les Dutilleul et quelles
déflagrations catastrophiques auraient pu naître
de mon rapprochement avec ces personnes glo-
rieuses. Le même soir, je devais aller à un bal
chez la princesse de Wagram. Mon grand-père ne
se soucia pas de m'emmener avec lui en voiture.
Il quittait d'ailleurs trop tôt Auteuil, car s'il venait y dîner tous les soirs, il tenait à rentrer
coucher à Paris. Il ne l'a jamais quitté un seul
jour pendant les quatre-vingt-cinq ans qu'il a
vécus (et cet exemple m'aide à comprendre mieux
que tous les commentaires, la sédentarité bourgeoise à laquelle Jacques Blanche va vous
raconter tout à l'heure que Fantin-Latour était
si passionnément, si maniaquement attaché),
sauf au moment du siège de Paris où il alla
mettre ma grand'mère en sûreté à Étampes. Ce
fut le seul déplacement qu'il accomplit au cours
de sa longue vie. En rentrant le soir à Paris,
il passait devant le viaduc du chemin de fer, et

la vue de wagons capables d'emmener les insensés chercheurs d'inconnu, au delà du « Point du Jour » ou de « Boulogne », lui faisait éprouver au fond de son coupé un sentiment d'intense *Suave mari magno.*

— « Et dire, s'écriait-il, en regardant le train avec un mélange d'étonnement, de pitié et d'effroi, et dire qu'il y a des gens qui aiment voyager ! »

Mes parents trouvant qu'un jeune homme ne doit pas dépenser son argent inutilement, me refusèrent pour me rendre au bal de Mme de Wagram, non seulement la voiture familiale dont les chevaux étaient dételés depuis sept heures du soir, mais même un modeste fiacre, et mon père déclara qu'il était tout indiqué que je prisse l'omnibus d'Auteuil-Madeleine qui passait devant notre porte et s'arrêtait avenue de l'Alma où était l'hôtel de la Princesse. Comme « boutonnière » je dus me contenter d'une rose coupée dans le jardin, sans fourreau en papier d'argent.

Malheureusement, l'hôte des Dutilleul était

précisément dans l'omnibus quand j'y montai.
Il s'excusa, sur l'éclat qui les environnait, de
la rude opération à laquelle il avait été obligé
de procéder dans l'après-midi et se tordant de
joie, par comparaison avec sa propre élégance, il
me dit : « Alors, comme ça, vous ne connaissez
personne, vous n'allez jamais dans le monde, c'est
très drôle ! » Tout d'un coup le déplacement du col
mon pardessus lui découvrit ma cravate blanche.
« Tiens ! mais puisque vous n'allez jamais dans
le monde, pourquoi êtes-vous en habit ? » Je finis,
après toutes les défenses possibles, par avouer
que j'allais au bal. « Ah ! vous allez tout de même
au bal, mes compliments, ajouta-t-il sans plaisir.
Et peut-on savoir quel est ce bal ? » De plus en
plus gêné et pour ôter, comme à un vêtement
qu'on ne veut pas porter trop neuf, l'éclat qu'il
y aurait eu dans le mot « Princesse », je mur-
murai avec humilité : « Le bal Wagram ».

J'ignorais qu'il y avait pour les garçons de café
et les « gens de maison » un bal qui se donnait
salle Wagram et qui s'appelait le bal Wagram.
« Ah ! elle est bien bonne », dit l'ami des Dutil-

leul, en reprenant sa gaîté, puis il ajouta sévèrement : « Mon cher, au moins on ne fait pas semblant d'être invité quand on est assez dénué de
relations pour en être réduit à aller à des bals
de domestiques, et payants encore ! »

* *
*

La seule énumération des portraits que Jacques
Blanche fit vers cette époque (en exceptant le
mien) suffit à montrer qu'en littérature aussi,
c'était l'avenir qu'il découvrait, qu'il élisait, et
elle est déjà, par là, une première explication
de l'extrême valeur, du charme unique, que
possède le présent volume. En effet, tandis que
les peintres illustres alors — un Benjamin Cons-
tant, par exemple — ne faisaient le portrait
que d'écrivains chargés d'honneurs, dépourvus de
mérite, et aujourd'hui aussi oubliés que leur
peintre, Jacques Blanche peignait les amis dont
il était seul ou presque seul à célébrer le talent
« pour faire de l'originalité », disaient les gens
du monde, ou peut-être par l'effet d'une méchanceté, qui, après avoir dénigré les grands hommes,

trouvait un complément satanique de satisfaction
à exalter les tenants de l' « École de l'Incompréhensible ». La vérité était que tout simplement Jacques Blanche possédait en lui, comme
tous les hommes assurés de l'avenir, cette perspective du temps où il faut savoir se placer pour
regarder les œuvres. Et de fait, après vingt
années traversées par l' « Auteuil de sa jeunesse », les mêmes maîtresses de maison sont
trop heureuses de placer à leur droite tel ou tel
de ces amis que Jacques Blanche portraiturait et
encensait alors, un Barrès, un Henri de Régnier,
un André Gide. Jacques Blanche, comme Maurice
Denis, a toujours professé pour Gide l'admiration
qui convient et à laquelle il nous est bien permis
d'ajouter de la tendresse. Quant aux natures
mortes de Blanche dont c'était une plaisanterie
dans certains salons, en ce temps-là, de dire :
« Il faudrait les mettre un peu plus en lumière,
pour aujourd'hui seulement, parce que nous
l'avons invité en quatorzième ou en cure-dents.
On les remettra demain à un endroit où elles
ne se voient pas », elles sont à la place d'hon-

neur aujourd’hui dans les mêmes salons. Et la
maîtresse de maison explique d’un air délicat :
« N’est-ce pas ? c’est d’une beauté rare ; c’est
beau comme le classique. Je vous dirai que j’ai
toujours aimé cela, même au temps où cela
m’obligeait à rompre des lances. » Et il serait
peut-être injuste et un peu trop facile de dire
que ces dames se contredisent ainsi parce que
la peinture de Jacques Blanche est maintenant à
la mode, mais qu’elles ne l’aiment pas davantage. Il est probable, au contraire, qu’elles
l’aiment, puisque pour une œuvre d’art, être
enfin mise à la mode, signifie qu’une telle évolu-
tion de l’optique et du goût s’est accomplie pendant une période plus ou moins longue, que les
femmes de ce genre peuvent enfin aimer cette
œuvre.

Le dimanche, Jacques Blanche se reposait, recevait des amis et « causait » quelques-unes des
pages qui, écrites plus tard, sont réunies dans le
volume pour lequel il m’a fait le grand honneur
de me demander cette préface. Ces anciennes
« causeries du dimanche », j’ai souvent dit à des

amis quand il les eurent lues dans des revues, qu'à mon avis elles étaient vraiment les « Causeries du Lundi » de la peinture. Et je sais bien tout ce qu'une telle appellation renferme d'éloge. Je crois pourtant que je faisais un peu tort à Jacques Blanche. Le défaut de Jacques Blanche critique, comme de Sainte-Beuve, c'est de refaire l'inverse du trajet qu'accomplit l'artiste pour se réaliser, c'est d'expliquer le Fantin ou le Manet véritables, celui que l'on ne trouve que dans leur œuvre, à l'aide de l'homme périssable, pareil à ces contemporains, pétri de défauts, auquel une âme originale était enchaînée, et contre lequel elle protestait, dont elle essayait de se séparer, de se délivrer par le travail. C'est notre stupéfaction quand nous rencontrons dans le monde un grand homme que nous ne connaissons que par ses œuvres, d'avoir à superposer, à faire coïncider ceci et cela, à faire entrer l'œuvre immense (pour laquelle au besoin, quand nous pensions à son auteur, nous avions construit un corps imaginaire et approprié) dans la donnée irréductible d'un corps vivant tout différent. Inscrire les polygones les plus compliqués dans un cercle ou trouver un mot en losange est un exercice d'une facilité enfantine auprès de celui qui consiste à *réaliser*, comme diraient les Anglais, que le monsieur à côté de qui on déjeune est l'auteur de *Mon frère Yves* ou de la *Vie des Abeilles*. Or, c'est cet homme-là, celui qui n'est que le compagnon de chaînes de l'artiste, que cherche (du moins en partie) à nous montrer Jacques Blanche. Ainsi faisait Sainte-Beuve, et le résultat, c'est que quelqu'un qui, ignorant de la littérature, du xixe siècle, essayerait de l'étudier dans les *Causeries du Lundi*, apprendrait qu'il y eut alors en France des écrivains bien remarquables, tels que M. Royer-Collard, M. le comte Molé, M. de Tocqueville, Mme Sand, Béranger, Mérimée, d'autres encore ; qu'à la vérité Sainte-Beuve a personnellement connu certains hommes d'esprit qui eurent leur agrément, leur utilité passagère, mais qu'il est fou de vouloir transformer aujourd'hui en grands écrivains. Par exemple Beyle, qui avait pris, on ne sait trop pourquoi, le pseudonyme de Stendhal, lançait des paradoxes piquants et où il y avait

bien souvent de la justesse. Mais nous faire croire
que c'est un romancier! Passe pour ses nouvelles!
Mais *le Rouge et le Noir* et autres ouvrages pénibles
à lire sont d'un homme peu doué. Vous eussiez
étonné Beyle lui-même en parlant sérieusement de
cela comme de chefs-d'œuvre. Encore plus eussiez-
vous surpris Jacquemont, Mérimée, le comte
Daru, tous ces hommes d'un jugement si sûr
chez qui Sainte-Beuve rencontrait l'aimable
Beyle et de l'opinion desquels, protestant contre
l'absurde idolâtrie du jour, il peut se porter
garant. Sainte-Beuve nous dit : *la Chartreuse de
Parme* n'est pas l'œuvre d'un romancier ». Vous
pouvez l'en croire, il a un avantage sur nous, il
dînait avec l'auteur, lequel d'ailleurs, homme
de bonne Compagnie s'il en fut, eût été le premier
à vous rire au nez si vous l'aviez traité de grand
romancier. Encore un gentil garçon, Baudelaire,
ayant de beaucoup meilleures manières qu'on n'aurait pu croire. Et pas dénué de talent. Mais tout
de même l'idée de se présenter à l'Académie, ça
aurait eu l'air d'une mauvaise farce. L'ennui
pour Sainte-Beuve est d'avoir ainsi des relations

avec des gens qu'il n'admire pas. Quel brave garçon que ce Flaubert ! Mais *l'Éducation senti-mentale* sera illisible. Et pourtant il y a des traits « bien finement touchés » dans *Madame Bovary*. C'est au fond, quoi qu'on en pense, supérieur à Feydeau.

Ce point de vue est celui auquel Jacques Blanche se place souvent (pas toujours) dans ce volume. Quelle stupéfaction pour les admirateurs de Manet d'apprendre que ce révolutionnaire était « ambitieux de décorations et de médailles », voulait prouver à ma grande amie Mme Madeleine Lemaire qu'il pouvait faire concurrence à Chaplin, ne travaillait que pour les « Salons » et regardait plus souvent du côté de Roll que de celui de Manet, Renoir et Degas. Or toutes proportions gardées, (puisque malgré tout le jugement d'un peintre sur un peintre est un jugement infiniment intéressant), ce point de vue-là c'est tout de même celui de la dame qui dirait : « Mais je peux très bien vous parler de Jacques Blanche ; il dînait tous les mardis chez moi. Je vous assure que personne ne songeait à le prendre au sérieux comme peintre, et lui-même sa seule ambition, c'était d'être un homme du monde très recherché ».

D'un certain Jacques Blanche peut-être, mais pas du vrai. Ainsi le point de vue auquel se placent trop souvent Sainte-Beuve et quelquefois Jacques Blanche n'est pas le véritable point de vue de l'Art. Mais c'est celui de l'Histoire. Et là est son grand intérêt. Seulement tandis que ce point de vue-là Sainte-Beuve s'y tient pour tout de bon, ce qui fait qu'il classe souvent les écrivains de son époque à peu près dans l'ordre où aurait pu le faire Mme de Boigne ou la Duchesse de Broglie, Jacques Blanche ne l'adopte qu'un instant, en se jouant, pour multiplier les contrastes, éclairer le tableau, faire revivre la scène. Mais bien au contraire les peintres, comme les écrivains, qu'il a aimés, c'é- taient ceux qui devaient être grands un jour, un jour que lui vivait par anticipation, de sorte que ses jugements resteront vrais et que ce livre écrit sur les peintres par un peintre qui les a vus travailler, qui peut nous décrire leur palette et les modifications qu'ont subies leurs toiles (donnant ainsi de leurs chefs-d'œuvre une gravure aussi émouvante que celles qui furent faites jadis de *la Cène* de Léonard, par Morgen, avant sa dégradation), mais par un peintre qui est aussi un étonnant écrivain, est à cause de cette dualité, unique. Fromentin ? dira-t-on. Passons l'éponge sur le peintre ; et avouons que l'écrivain, au moins dans les *Maîtres d'autrefois*, avec ses élégances à la George Sand. sinon à la Jules Sandeau, est inférieur à celui des *Maîtres de jadis et de naguère*. Jacques Blanche l'emporte surtout, c'est le point le plus intéressant pour les lecteurs, comme « connaisseur en peinture ». Qu'on se rappelle que dans les *Maîtres d'autrefois* écrits pourtant plusieurs siècles après la mort de ces peintres hollandais, le plus grand d'entre eux, Ver Meer de Delft, *n'est même pas nommé*. Certainement, comme Jean Cocteau, Jacques Blanche rendrait justice au grand, à l'admirable Picasso, lequel a précisément concentré tous les traits de Cocteau en une image d'une rigidité si noble qu'à côté d'elle se dégradent un peu dans mon souvenir les plus charmants Carpaccio de Venise.

Sur la manière dont Whistler, Ricard, Fantin, Manet préparaient leur palette, que de révélations, que peut-être lui seul pouvait faire ! D'autre part, Blanche fait retourner un instant à leur existence périssable, tels qu'il les a connus, la table où s'asseyèrent les amoureux chez le père Lathuile, « le miroir à pied de Nana », « le même meuble de chêne où tant de fleurs et de fruits peints par Fantin, achevèrent leur brève destinée », « le rideau de velours noir tendu, devant quoi le modèle de Whistler posait ». Et ainsi, comme si nous entrions en relations avec la femme vraie d'après laquelle Flaubert peignit *Madame Bovary*, ou Stendhal le *Sanseverina*, faisons-nous la connaissance de chacun de ces objets de l'atelier que nous avons vus d'abord dans l'inaltérable beauté du chef-d'œuvre, chacun « tel qu'en lui-même enfin l'éternité le change ». Et sans doute le retour en arrière que nous fait faire Blanche est plus que piquant, inépuisablement instructif. Il montre l'absurdité de certaines formules qui ont fait admirer les grands peintres pour les qualités contraires de celles qu'ils avaient. (Opposez le Manet de Blanche à l'irréel Manet de Zola « fenêtre ouverte sur la nature »). Tout de même ce point de vue de l'histoire me choque en ce qu'il fait attribuer par Blanche (comme par Sainte-Beuve) trop d'importance à l'époque, aux modèles. Sans doute il est d'un bien agréable fétichisme de croire qu'une bonne partie du Beau est réalisée hors de nous et que nous n'aurons pas à la créer. Je ne puis aborder ici ce questions de doctrine. Mais je ne suis pas si l.. liste que de croire que les modes du temps ‹ Fantin rendaient plus facile de faire de beaux portraits, que le Paris de Manet était plus pictural que le nôtre, que la féerique beauté de Londres est une moitié du génie de Whistler.

On peut trouver parfois dans les portraits que Blanche donne ici quelque justification à l'accusation de malice. Le portrait de tel peintre, de Fantin par exemple, prête à sourire. Mais, je le demande, un tel portrait, criant de vérité, d'originalité et de vie, ne louera-t-il pas plus efficacement le maître disparu (malgré les apparences d'irrespect qui ne peuvent tromper sur la sym--

pathie si réelle de l'écrivain) que tant de pages
uniformément dithyrambiques écrites par des
critiques d'art qui ne connaissent rien à l'art?
Ont-ils mieux servi, entretenu l'intérêt et la vie
autour de la gloire de Fantin que Jacques Blanche
quand, pour l'atelier de Fantin comme pour
celui de Manet, il nous donne des détails sans
prix? On peut ne pas trouver « aimables »,
dans le sens banal du mot, des précisions telles
que celle-ci : « Fantin était d'une maladresse
attendrissante dans l'arrangement d'un fond
d'appartement ou le choix d'un siège. Ce réaliste
scrupuleux épinglait derrière le modèle un bout
d'étoffe grise, ou dressait un paravent de papier
bis chargé de représenter les boiseries d'un salon.
L'atelier de Fantin n'était pas plus subtilement
éclairé que celui d'un photographe de jadis. Sa
paresse et l'effroi qu'il avait de se transporter
hors de chez lui le restreignaient encore. Il souf-
frait de ce plafond de verre qui d'un bout à l'autre de la pièce baignait également les personnages d'une lumière diffuse. La famille Dubourg
m'apparaît telle que si M. Nadar avait prié ces

braves gens de venir chez lui à la sortie de l'office divin, tout ankylosés dans leurs vêtements
dominicaux ». Si on faisait encore de ces devoirs
ridicules qui ne sont plus en honneur que dans
certaines écoles de jeunes filles et où PlanXte écrit :
« des enfers » à un dramaturge contemporain
pour lui dire ce qu'il pense de sa nouvelle pièce,
on pourrait « supposer » une lettre de Fantin,
reconnaissant que Blanche, quand il parle de lui,
éveille souvent un sourire sur les lèvres du lecteur, mais ce même sourire plein de vénération
qu'on a devant le portrait de Chardin par lui-
même et où il apparaît coiffé d'un abat-jour.
Surtout l'élève serait invité à faire ressortir que
Fantin remercie Blanche d'avoir prolongé pour lui,
ce qui doit paraître le plus précieux aux morts,
la vie. D'ailleurs Blanche l'a dit : « Le jugement
porté par des critiques ou par des amis me semble juste en peu d'occasions, plutôt exagéré en
bien qu'en mal. Juger est un besoin impérieux
de mon esprit, les liens les plus tendres de l'affection ne m'ont jamais fait changer en cela. Il
faut dire ce qu'on pense. Telle est ma conception

de l'honnêteté, à une époque de disputes et de troubles universels. On n'admet plus qu'un sentiment : l'admiration passionnée. Or vous n'avez pas toujours l'occasion d'admirer vos contemporains, si votre idéal de beauté est élevé. Si j'ai blessé ou étonné certains compagnons de route, j'en suis chagrin pour eux, mais je me repose sur les plus judicieux, car il en est, ma foi, qui m'ont deviné et ne m'en veulent pas. »

Et pourtant quand il y a lieu d'admirer, avec quelle chaleur il admire. C'est une joie pour moi de trouver dans cet ouvrage (dont le présent volume n'est qu'un premier tome) d'enthousiastes éloges adressés à un homme que j'admire et que j'aime entre tous, José-Maria Sert. Quel plaisir et quelle sincérité animent les pages où Blanche le compare à Michel-Ange, à Tintoret. Chose étrange, j'aurais pu vivre dans un autre temps que Sert, ou dans le même temps et ne le connaître pas. Mais nous nous connaissons. Il sait mon admiration pour lui, il ne m'a pas caché sa sympathie pour moi. Or, chaque fois que part sous bonne escorte une des magnifiques beautés captives qui, regrettant

peut-être, dans leur exil prédestiné, la rue
Barbet-de-Jouy, iront vivre leur vie séquestrée
dans un palais ou une église d'Espagne, ou même
s'envoleront sur la mer comme les Océanides,
moi enchaîné à mon rocher, *jamais* je ne peux
voir avant leur départ les nobles bannies. Il y a
dans la vie d'autres incompatibilités que celles
du temps et de l'espace ; le mauvais Destin revêt
les formes les plus étranges, encore à décrire
pour les romanciers.

Dirai-je que dans ce livre de minutieuse vérité
originale, créée, qui n'appartient qu'à Blanche
même, il ne trahit pas, jusque dans son impartialité même, des préférences qu'on peut ne pas
adopter ? Ce ne serait pas vrai. Certes si le
vénérable docteur Blanche revenait au monde, il
aurait une joie où il entrerait un peu d'étonnement à entendre parler de son « Jacques » comme
d'un peintre plus grand que les académiciens de
son temps. Car au fond, comme tous les parents,
même les plus intelligents, il devait dire de son
fils l'équivalent de ce que disait du sien Mme Manet mère : « Il a pourtant copié la *Vierge au lapin*,

de Tintoret, vous viendrez voir cela chez moi, c'est bien copié, il pourrait peindre autrement qu'il ne fait. Seulement, que voulez-vous ! il a un tel entourage ! » Mais la surprise du docteur Blanche serait plus grande encore de voir comme au fond son fils Jacques-Émile lui ressemble et le continue. C'est le tragique touchant des oppositions familiales que ce sont justement des qualités, des goûts analogues à ceux de nos parents, qui pour se découvrir, pour s'affirmer, entrent en lutte avec les leurs. De vieux oncles qui décident de donner un conseil judiciaire à leur neveu ont précisément fait les mêmes bêtises et de la même manière, mais s'imaginent que « ce n'était pas la même chose », de même que ceux qui luttèrent pour Delacroix, s'indignèrent ensuite contre Manet, contre les impressionnistes, contre les cubistes, se figurant eux aussi que « ce n'était pas la même chose ». Or, dans deux des plus beaux morceaux de ce recueil, celui sur la vente Rouart et celui sur Cézanne, on se rend compte que Jacques Blanche était exactement le contraire de ce qu'il paraissait vers 1891. Il pousse le traditio-

nalisme jusqu'à ne pas cacher son indulgence, au
fond sa sympathie, pour l'appartement où M. Rouart
avait accumulé les chefs-d'œuvre.

« Ces appartements si marqués de la touche du
second empire, décelant un complet mépris de
l'arrangement décoratif comme on le recherche
maintenant... j'y menai un jour Fritz Thaulow.
Il se croyait à l'avant-garde du goût du moderne.
Entre Munich, Berlin et Copenhague, il s'était
fait une conception de l'ameublement dont le
salon d'automne de 1912 révéla les touchantes
audaces. Il ne connaissait de la peinture que les
œuvres exposées au Salon. Les rapports étaient
donc embarrassants avec lui, dès qu'on souhaitait
plus que de jouir paisiblement de son exquise
cordialité. » « Blanche? vous n'aimeriez pas vivre
dans cette maison! Comment! vous dites que
M. Rouart est un homme de gout? Mais regardez
ces meubles, ces tentures, comme chez un dentiste... les murs sont « prune », les étoffes sont
chocolat, et ces lampadaires dorés. Non, Blanche,
cela c'est de la province et du Louis-Philippe. »
« La copie par Degas de l'*Enlèvement des Sabines*

et le *Poète* de Delacroix firent déborder son amertume : « Si c'est cela de la peinture, je puis bien me pendre. Tout cela est *brune !* » Au fond comme on sent que Jacques Blanche préfère cette peinture-là, à la facture *crayeuse* des impressionnistes. Chez Manet, ce n'est pas le côté Monet, déjà démodé *selon lui* (mon goût personnel, si je m'y connaissais en peinture, me porterait à penser exactement le contraire, et j'ai vu chez Gaston Gallimard un Monet que je trouve le plus beau des Manet), c'est le côté Goya qu'il aime et par qui Manet est rajeuni, « comme Musset par Shakespeare ». Blanche déteste autant les théories littéraires des esthètes que leur goût décoratif. « M. Charles Morice, dans un questionnaire proposé à mes confrères, demandait ce que Fantin a apporté, ce qu'il emporte dans la tombe. Cette question parut un peu déconcertante. Elle ne pouvait venir que d'un homme de lettres, pour qui les opérations intellectuelles du peintre restent toujours assez impénétrables. La nouveauté, l'invention, en peinture, se décèlent souvent en un simple rapport de ton, en deux *valeurs* juxta-

posées ou même en une certaine manière de
délayer la couleur, de l'étendre sur la toile. Qui
n'est pas sensible à la technique, n'est pas né
pour les arts plastiques, et telle intelligence très
déliée passera à côté d'un peintre pur sans s'en
douter. »

Aussi semblerait-il d'abord que Jacques Blanche dût adhérer à cette maxime de Maurice Denis
(de Maurice Denis pour lequel je serais tenté
de dire, que — comme aussi pour Vuillard —
il n'est pas tout à fait juste) : « Se rappeler
qu'un tableau, avant d'être un cheval de bataille,
une femme nue ou une quelconque anecdote,
est essentiellement une surface plane recou-
verte de couleurs en un certain ordre assemblées. » Si, au contraire, Jacques Blanche pro-
teste contre elle, c'est par excès de traditiona-
lisme français. Et pour le montrer, nous voulons
finir en citant quelques lignes des pages magnifiques qu'il écrit, à cette occasion, pour glorifier
les vieux maîtres de notre pays : « Protestons
contre la part infime qui reste dans les théories
de M. Denis à la sensibilité, à l'émotion qui

est tout de même le plus précieux de l'intelligence, à cette faculté de nous toucher qu'eurent Delacroix, Millet, Corot, ces colosses de l'histoire du xixᵉ siècle. La charge à fond contre le réalisme et la copie de la nature, si chère aux néo-impressionnistes, aboutirait à des formules où la raison seule interviendrait, au détriment du sentiment humain, de la sensibilité, à un art strictement ornemental et décoratif, à peine différent de celui des Persans et des Chinois. Ce serait la fin du tableau comme l'ont conçu les hommes de notre race. Fritz Thaulow n'avait pas assez de sarcasmes pour certaine fabrique de Corot, sous un divin ciel bleu d'août qui éclaire d'un éternel rayon le cabinet où j'écris ces lignes... Il consiste en un ciel aussi lumineux, aussi transparent qu'un Fra Angelico, il est fait d'on ne sait quelle matière précieuse, de turquoise peut-être. Sous cet azur immaculé, un peu de lumière inanalysable change en un écrin de plusieurs ors les pignons et les toits d'une sorte de caserne banale ; quelques personnages sont assis ou se promènent sur la place provinciale où s'étendent de longues ombres limpides. Je juge les soi-disant connaisseurs à leur attitude en présence de mon Corot. Les Hollandais seuls et les Français du temps des frères Rouart ont fait vibrer cette corde-là. C'est une musique à la française, claire, mélodique, mais si discrète, si intime qu'elle risque de ne pas se faire remarquer. Aussi bien c'est cette « musique de chambre » qui sonnait si juste dans l'hôtel de la rue de Lisbonne. »

Il me semble que de telles pages, dont je ne donne ici que des extraits, mais que le lecteur trouvera intégralement dans ce volume, ne font pas seulement admirer Jacques Blanche comme écrivain, autant qu'on a fini par l'admirer comme peintre, mais le feront aussi aimer. Ainsi par exemple la fin du morceau sur Millet, qui sera aussi celle de cette préface : « Pour le Français de l'Ouest, jouissant du bienfait de la vie aux champs il n'est pas une minute de la journée, un moment de chaque saison, un geste ni une figure de Normand, il n'est pas un arbre, une haie, un instrument aratoire qui ne s'embellissent de la sainte onction et de la noble grandeur que J.-F. Millet leur a départies... Tant que nos semblables auront un cœur pour s'émouvoir des inquiétudes du paysan, de son labeur sur la terre exigeante, sous le ciel menaçant; tant que l'aube, midi, le crépuscule du soir auront un sens pathétique, comment pourrait-on contester l'œuvre de Millet, touchante comme sa vie, synthèse, — plus que de ses modèles, si près eux aussi de la nature, — de la nature elle-même. »

Marcel Proust.

PROPOS DE PEINTRE

FANTIN-LATOUR

Pour M. Walter Berry, citoyen des États-Unis, né à Paris en même temps que moi.

On me sollicite de rééditer *Essais et Portraits*, mon premier volume, depuis longtemps épuisé. En relisant l'étude sur Fantin-Latour, je crus pouvoir, avec quelques corrections, la rendre meilleure; mais il faudrait la récrire en entier! Sans expérience, j'avais pris trop de peine à mettre debout la figure du peintre, et m'attardais à la nomenclature d'œuvres célèbres en négligeant mes souvenirs personnels de l'homme que j'ai connu. Je répondais aux critiques d'art qui, au lendemain de sa mort, se demandèrent : « Qu'a-t-il apporté? Qu'a-t-il emporté avec lui ? »

A ce moment-là, le critique ne se souciait que du *nouveau*. Un artiste ne comptait que si l'on voyait en lui un « méconnu », — et surtout si cet artiste avait une théorie qui permît au littérateur, au journaliste, de défendre des idées sociales, une doctrine. On se servait d'un artiste comme d'une arme pour en attaquer un autre ; c'étaient les mœurs des politiciens, la haine, la perfidie, la surenchère électorale, la jalousie : le désarroi général, l'anarchie dans les cerveaux.

Tel fut l'avant-guerre.

Envahie par les esthètes, les étudiants, les spéculateurs, les exploiteurs de sa pensée, la France attendait, dans une fièvre toujours croissante, l'heure d'une autre invasion. C'était le crépuscule de la paix.

Il est beaucoup trop tôt pour tirer des conclusions de nos souvenirs douloureux, de nos impressions d'avril 1914 ; mais en relisant mon étude sur Fantin-Latour, parue en avril 1906 dans la *Revue de Paris*, je me suis rappelé les sentiments pénibles qui se dissimulent sous des phrases maladroites. Il semble qu'en tâchant d'évoquer la figure de Fantin, j'aie répondu à des adversaires. J'attachais alors trop d'importance à ces littérateurs et à ces sociologues, à cause peut-être du malentendu qu'ils créaient, et de leur intolérable partialité. Si je n'avais pas lu de trop nombreux articles sur Fantin, le mien eût été moins mauvais.

Depuis l'affaire Dreyfus, la critique d'art était devenue, en France, une branche de la sociologie, et comme en Allemagne, de la philosophie, de la science.

La sensibilité d'Eugène Carrière, son bel et profond esprit ont inspiré des dévotions, des passions que sa peinture en grisaille, et trop chargée d'intentions extra-picturales, n'aurait pas toutes conquises; l'influence morale de Carrière fut prépondérante sur les littérateurs. Carrière donna aux écrivains d'art un *point de vue* et des prétextes à rhétorique facile. Carrière remplit naguère le rôle que joue trop souvent un peintre, s'il a le goût des idées et des théories plus que de la peinture : le rôle d'un Diderot; et pourtant Carrière était avant tout un peintre. Il parlait d'humanitarisme, de pitié, de justice. Son « théâtre populaire », ses ouvriers aux physionomies hâves, son amour des miséreux, touchaient les rêveurs socialistes, au milieu de la folie du luxe et des jouissances qui affolait le Paris d'avant la guerre. La gravité mélancolique de ses camaïeux était la contre-partie du clinquant et des fanfreluches de l'art trop aimable des salons.

Fantin fut rangé, avec Carrière, parmi les
« intimistes ». Ce mot était bien agaçant pour
ceux qui savaient quelles œuvres il désignait, sous
la signature des « sociologues ».

C'est peut-être par réaction contre l'abus du
sentiment, de la sensiblerie humanitaire, du
culte de la pauvreté, que l'art sensuel, la frénésie
du ton pur, du décor joyeux, éclatèrent comme
une fusée de fête dans le ciel nocturne. Mais les
mouvements esthétiques s'arrêtent court, à notre
époque; le cubisme, qui est encore de l'art céré-
bral, allait bientôt faire son apparition. Il se
substituait au néo-impressionnisme des Bonnard,
des Vuillard et autres charmants artistes.

Le Salon des Indépendants ouvrait ses portes
toutes grandes, prêtant ses kilomètres de cimaise
à ceux qui refusent la sanction d'un jury La critique, après avoir maudit le surcroît de besogne
dû à un troisième salon annuel, se réservait pour
celui qui parut le plus vivace : pour le plus jeune,
le plus audacieux, le plus « avant-garde ». L'Allemagne envoya ses esthéticiens et ses marchands
de tableaux découvrir les talents de l'avenir; la
spéculation internationale s'organisa sur les mar-
chés, les amateurs discutèrent ces nouvelles
valeurs de bourse; une cote s'établissait entre

Berlin et Paris pour la production française, dont la contrefaçon allait bientôt se répandre dans les quatre parties du monde.

L'histoire du xixe siècle offrit trop d'exemples d'œuvres grandes et neuves auprès desquelles on passa d'abord sans les apercevoir, pour que les esthètes ne se prêtassent point à courir mille aventures, plutôt qu'au risque humiliant d'avoir nié un génie dont les ailes pointent dans la lumière du soleil levant. Tout ce qui semblait « neuf » passa pour « important ». Les pires niaiseries furent discutées. Si tout de même... ?

L'Allemagne est, pour une bonne part, responsable du désarroi de la critique qui, ne se résignant pas à commettre une erreur d'appréciation, pour ne pas méconnaître un « talent original », est toujours prête à applaudir les promesses, à siffler les vétérans, comme des ténors de province : nerveuse, inquiète, elle se lassait très vite d'une voix devenue trop familière à ses oreilles. Elle n'exaltait les uns que pour abattre les autres, se servant de ses protégés comme d'un bouclier. Elle tint plus compte des personnes que des œuvres, commettant d'abominables injustices, jugeant à tort et à travers avec une feinte impartialité.

Dans l'avant-propos d'*Essais et Portraits*, j'écrivais : « Les critiques de profession, s'il en est encore, n'aiment pas assez la peinture, pour résister au travail surhumain que leur infligent les incessantes manifestations, les provocations indiscrètes des artistes. Plaignons-les, ces condamnés au « hard-labour »... Ils sont rarement lus, et leurs meilleurs clients sont les artistes qui leur apprêtent de la copie. » Ils associaient Fantin avec Manet, Renoir, Monet, à cause de l'atelier des Batignolles; avec Rimbaud, Verlaine, le Parnasse, à cause du tableau « Un coin de table ». Ils avaient là des points de repère. Duranty, Baudelaire, Champfleury, Whistler de l' « Hommage à Delacroix », étaient des *références* et des répondants pour Fantin.

Fantin fut à la mode et toujours cité, non pas avec, mais à côté des novateurs; il fut réclamé par chaque clan et il se dérobait d'autant plus qu'on l'y attira davantage... Les impressionnistes avec lesquels il avait débuté et les académiciens qui ne demandaient qu'à le recevoir sous la coupole du Palais Mazarin; tous respectaient ce solitaire, qui ne gênait personne, entre l'Institut et les Indépendants. Fantin-Latour fut, jusqu'à **sa** mort, soutenu par les petites revues, et par les journaux officiels.

On le défendit *comme s'il était attaqué*... souvenir persistant du Salon des Refusés. N'exerçant
aucune influence avec sa technique modérée, de
celles qu'on n'imite pas parce qu'elles sont sans
maniérisme ; sans élèves, sans coterie, seul, toujours seul, il inspirait, comme M. Ingres jadis,
une terreur respectueuse à ceux-là mêmes qui ne
regardaient pas ses ouvrages.

Et il fut « à la mode » à force de mépriser les
modes. Il était de l'époque légendaire des « grands
méconnus ». Cela suffit à le « nimber d'une
auréole ».

Le cas de Fantin est à retenir par ceux qui
voudront savoir comment se formait une réputation à la fin du xixᵉ siècle.

*
* *

Lorsqu'on allait frapper à sa porte, c'était à
droite, au fond de la cour, nº 8, rue des Beaux-
Arts, non pas à son atelier principal, mais à une
annexe construite en retour, où Mᵐᵉ Fantin travaillait parfois. On était préalablement examiné
au travers d'un judas. Le maître jugeait s'il devait,
ou non, ouvrir. Entre l'instant où il avait aperçu
le visiteur, et celui où il l'accueillait, plusieurs
minutes s'écoulaient : Fantin se demandait sur

quoi il pourrait « attaquer » l'importun, quelle opinion il aurait à combattre. Si c'était à la fin de sa séance, à l'heure du thé, s'il désirait engager une polémique, vous le voyiez entre-bâiller la porte; son bras, rapproché de son torse massif, tenait, haut dressés, l'appuie-main et la palette; une sorte d'abat-jour à la Chardin, abritait ses beaux yeux enfoncés dans une large face de « Kalmouk »; des cheveux abondants se renversaient sur un vaste front que coupait la ligne supérieure de sa visière. Alors, vous étiez reçu dans une étroite galerie, à plafond vitré, sorte d'atelier de photographie que M. Degas nommait la « tente orléaniste », peut-être à cause des bandes verticales à deux tons, dont elle était extérieurement revêtue, à la façon de 1830. C'est là que Fantin, pendant plus de trente ans, chaque jour, prépara ses couleurs, lava ses pinceaux, balaya le plancher et fit son œuvre.

La lumière était dure, tombait directement du toit un peu élevé au-dessus du sol; point de recul, point d'espace vide où l'on pût se tenir pour contempler les murailles, qui disparaissaient sous de belles et charmantes études. Un chevalet soutenait, en général, une vaste planche à lavis sur laquelle étaient retenus, au moyen de « punaises », cinq ou six carrés de toile, vieilles esquisses qu'il *reprenait* et *pignochait* pour les vendre, ou dont il voulait s'inspirer pour de nouvelles compositions. Le poêle, surmonté d'un buste antique de femme, en plâtre, répandait une chaleur congestionnante. Fantin était rouge, le col engoncé dans un foulard, il avait plusieurs tricots sous une grosse vareuse, ses pieds traînaient lourdement des chaussons de lisière. Et il était superbe avec son air terrible de vouloir vous souffleter de son mépris pour des opinions qu'il vous attribuait *a priori*. J'éprouvais toujours, en l'abordant, un sentiment de frayeur, à cause de ses façons rudes que les artistes de sa génération affectaient volontiers comme signe d'une noble indépendance. Fantin avait de la bonté et de la sensibilité, mais il ne tenait pas à en témoigner dans la conversation. D'aucuns avaient fini par ne plus le fréquenter, non qu'il ne fût capable de courtoisie, mais parce qu'on le savait toujours prêt à partir en guerre contre des œuvres ou des hommes dont il vous croyait l'ami, s'efforçant à vous arracher du cœur des affections que vous n'aviez pas; façons déroutantes, surtout pour ceux que Fantin connaissait, comme moi, de longue date.

3.

Il fut le premier peintre que j'entendis parler de son art; c'est lui dont j'ambitionnai des leçons au sortir du collège. Il m'avait fait présent d'une toute petite toile, laquelle je possède encore, et qui renferme ses meilleures qualités et les plus exquises : un portrait exact et touchant de deux pommes vertes sur un coin de meuble en chêne, où tant de fleurs et de fruits achevèrent leur brève destinée. Fantin peignit devant moi, je lui soumis mes premiers essais. Il les jugea nuls, ou quelconques. Je lui suis reconnaissant de sa franchise, comme je remercie tous ceux qui m'ont malmené. Ils ne m'ont pas découragé, au contraire !

Fantin est pour moi au nombre de ces figures que nous avons vues au milieu de notre famille et qui ont avec nous une sorte de parenté : caractère jadis commun à tout un milieu bourgeois.

Fantin a sa place dans les vieux albums à fermoir de cuivre, où s'alignent des « cartes de visite » d'Alophe et de Bertall, portraits à gibus, à favoris, médecins, magistrats, savants, dames à crinolines, petites filles dont le pantalon « dépasse » sous les jupes. De Fantin, je ne puis, hélas ! me rappeler ces traits adoucis par le sourire que les enfants recueillent sur toutes les bouches dont

ils attendent un baiser. Fantin me faisait grand-
peur et j'admirais tant l'auteur de mes deux
pommes de Calville!

Je ne saurais dire à quel manège je me livrais,
le dimanche soir, quand il dînait chez mon père,
pour que mon grand ami, M. Edmond Maître, le
plus jeune des convives, attirât l'attention de
Fantin sur quelque nature morte ou quelque
portrait que j'avais fait dans la semaine, entre
mes leçons. Edmond Maître craignait d'ennuyer
Fantin, et ne voulait pas me faire de la peine :
parfois c'était dans la hâte du départ, dans le
vestibule assez obscur, que Fantin jetait un coup
d'œil sur ma toile, faisait une remarque insigni-
fiante. Maître me consolait de son mieux, et je
ne dormais pas de la nuit.

Pourtant, un jour, je transportai rue de l'École-
des-Beaux-Arts, un ballot d'études ; j'y retournai
ensuite, les mains vides, ayant compris qu'il
fallait choisir entre l'honneur insigne, le plaisir
délicieux de respirer l'atmosphère de l'atelier, et
le désespoir d'en être banni pour toujours. On
m'appelait alors « le petit musicien ». Fantin me
prenait plus au sérieux comme tel. Grâce à lui et
à M. Edmond Maître, je fis connaissance avec
Schumann : *Manfred, Faust, le Paradis et la Péri,*

Geneviève ; avec de mornes œuvres de Brahms;
Schubert, Weber, Wagner, Bach; toute la littérature musicale de l'Allemagne passa sur le pu-
pitre de mon piano, et j'accrochais aux murs de
ma chambre les lithographies romantiques de
Fantin; ma chère Fée des Alpes! Mystérieuses
théophanies! Toute cette Allemagne qui baignait
de poésie si touchante l'intérieur de **M.** et
Mme Fantin-Latour! Ils croyaient au génie allemand, aux vertus, à la supériorité allemandes,
comme un Allemand y croit.

Fantin, a-t-on dit, est le peintre de la bour-
geoisie sérieuse et intellectuelle. En effet, c'est à
cette forte classe, honneur du xixe siècle, qu'il se
rattache surtout. Il y a des traits dans son caractère et sa pensée, qui sont d'un bourgeois élevé
dans des idées voltairiennes, « libéral », c'est-à-
dire sectaire, admirateur de Michelet, infatigable
liseur, casanier et timide, ennemi des gouverne-
ments, frondeur et partisan de l'ordre. Certains
artistes se transforment au cours de leur existence, les contacts extérieurs modifient leurs
habitudes, et le succès leurs façons. Manet, des-
cendant d'une lignée de magistrats, quoiqu'il
n'ait jamais quitté sa famille, devient un boule-
vardier et fréquente Tortoni. M. Degas lui-même

a des phases d'élégance sportive. Mais Fantin, fils
d'un peintre très modeste, fut immuable dans ses
goûts ; le musée du Louvre, où il fit son apprentissage, et l'école buissonnière, furent le but de
toutes ses sorties.

On peut le suivre depuis son adolescence
jusqu'à sa mort, faisant les mêmes gestes, aux
mêmes heures, en deux arrondissements de
Paris. Mieux que personne au courant de la littérature et de l'art de France et d'ailleurs, sa pensée voyageait, mais son corps semblait amarré
aux rives de la Seine, entre le pont des Saints-
Pères et l'Institut pour lequel il avait un secret
penchant, mais où il ne se décida pourtant
jamais à briguer un siège, par fierté, et peur du
ridicule.

Dans l'atelier, une journée de travail ; des repas
frugaux, de bonnes lectures, le soir venu, sous la
lampe ; des cartons remplis de reproductions de
tableaux célèbres — Fantin en décalquait pour
se « mettre des formes dans la mémoire » : — que
peut souhaiter de plus un sage, s'il ne tient pas à
conserver une taille mince et des mouvements
alertes, au delà de la quarantaine ?

Fantin, lourd de corps, avait horreur de l'exercice, du mouvement, de tout ce qui est l'action.

La guerre de 70 lui avait laissé un souvenir d'effroi et il se fût jeté parmi l'encombrement de la chaussée, plutôt que de coudoyer un militaire sur le trottoir. Violent à l'excès, chez lui, il eût fait un long détour afin d'éviter, dans la rue, une personne hostile. Aux vernissages de l'ancien Salon, emporté par sa passion — pour ou contre ses confrères — il se faufilait par les galeries, sous la protection d'une petite phalange de fidèles, qui recueillaient ses terribles verdicts. De son pardessus très boutonné, de son épais foulard sortaient des jugements inexorables. Il voyait tout, il n'est pas un nouveau venu qu'il n'ait découvert, surtout parmi les étrangers. Il était pour ceux-ci d'une indulgence incompréhensible : s'il s'agissait d'un « jeune » scandinave, ou berlinois, il en suivait les progrès ou les défaillances avec une sorte d'amitié. Il savait par cœur, comme M. Bouguereau, le catalogue officiel, les récompenses, le titre des ouvrages qui les avait méritées.

Le « Salon » était pour Fantin le point culminant de l'année. S'y préparant plusieurs mois d'avance, il y envoyait autant d'œuvres que possible : deux tableaux à l'huile, deux pastels et des lithographies, « son salon », comme l'on disait alors.

Il refusait de faire partie du jury, mais approuvait les médailles et les décorations.

Par égard pour la hiérarchie, il défendait les académiciens, et redoutait ses amis les impressionnistes comme des ennemis de l'ordre : toujours irritée et pleine de contradictions, sa critique était intransigeante et « conservatrice ».

Le jour du vernissage venu, c'était une partie familiale et un acte rituel, que de dépasser le pont Solférino, puis de s'engager dans les Champs-Élysées et de déjeuner à midi sous l'horloge du Palais de l'Industrie, à « la sculpture » — évitant « Ledoyen » à cause des courants d'air et du soleil. Fantin préférait qu'on lui rapportât dans l'après-midi, les mots de Forain, de Béraud ou de Duez, qui le ravissaient, mais auxquels il n'eût pas osé répondre. Il faisait aussi des « mots rosses » et ne détestait pas qu'on les redît aux confrères qui en étaient l'objet, quitte à trembler si quelque mauvais peintre plein de gloire, le regardait ensuite avec des sourcils en courroux. Il n'était à l'aise que derrière sa porte au judas si commode pour savoir qui s'y présente.

Un jour de lumière et de fête dans toute une année de claustration voulue ! Après le repas, on remontait dans les salles de peinture, puis on

redescendait au jardin, si frais, où les élégantes
exhibaient les modes du printemps parmi les
marbres, les plâtres, les rhododendrons et les
plantes vertes.

A six heures du soir, la foule, chassée par les
gardiens, s'écoulait au cri de « On ferme ! on
ferme ! » et Fantin rentrait avec une migraine,
sous sa « tente orléaniste » pour reprendre aussitôt ses habitudes de chat domestique. Il vivait
pendant des mois sur ses souvenirs du « vernissage ». Fantin jugeait l'état de la société française
d'après le cinématographe qu'était pour lui « le
Salon ».

Malgré mon admiration pour Fantin-Latour,
j'étais surtout attiré par Édouard Manet ; Edmond
Maître m'avait fait connaître Renoir, Monet,
Cézanne, Degas, et j'étais surpris que, dans ses
entretiens, Fantin, l'ami et le contemporain de
ces grands artistes, eût toujours des réticences,
et décochât des mots ironiques et sévères pour
eux ; Manet, seul, était à l'abri des sarcasmes de
Fantin. Manet demeurait le grand peintre, et le
gamin amusant auquel on pardonne des frasques ;
Manet faisait rire Fantin.

D'autre part, Fantin parlait souvent d'un Lembach, d'un Leibl, d'un Menzel, voire d'un Max

Liebermann, parmi les étrangers; de Henner,
d'Harpignies, de Gustave Moreau, de Ribot, de
tant d'autres exposants du Salon des Champs-
Élysées; et il me semblait qu'il les mît tous au
même rang.

A cette époque-là, les peintres avaient un
amour de leur métier, qui ne les empêchait pas
de regarder, de s'intéresser et de rendre justice
à tout confrère auquel ils reconnaissaient une
valeur. Degas, Manet, visitaient aussi le Salon
annuel avec soin, tout convergeait vers le Salon;
seuls s'en écartaient ceux qui, comme les impressionnistes, essayèrent, étant déjà connus, d'y faire
recevoir un tableau. Manet n'y renonça jamais;
sa plus grande joie eût été d'obtenir la médaille
d'honneur. Aussi, les membres du jury dont on
se moquait entre soi, avaient-ils malgré tout un
prestige national.

Les séances de ce jury pour la préparation des
« récompenses » à donner, prenaient des semaines; on voyait ces messieurs, précédés de gardiens, passer d'une galerie dans l'autre, les
rideaux se refermaient à la porte de la salle, une
sonnette était agitée par le président. Ces forma-
lités étaient solennelles et des centaines d'artistes
tâchaient d'apprendre leur sort, par quelque

employé du Ministère des Beaux-Arts ; ils rôdaient dans le Palais de l'Industrie, en attendant une médaille ou une « mention honorable » qui leur assurât une année prospère.

On imagine difficilement aujourd'hui ce qu'il fallut d'audace au petit groupe dit des *Impression-nistes*, pour exposer, à part, dans un immeuble dont ils essuyaient les plâtres.

Cette audace inquiétait Fantin. Or, je ne sais encore si cet homme si intelligent était sincère quand il traitait Renoir de « malade », les impressionnistes de « dévoyés. » Il les tenait pour *immoraux*, il en avait peur comme un homme chaste de la volupté. Je croirais plutôt qu'il les aimait et qu'il se défendit de se le dire à lui-même.

Je rappelais, au commencement de cette étude, le désarroi d'avant 1914, la rapidité avec laquelle se succédaient les théories d'art. On en était à ce point où l'imitation de la nature était tenue pour « inartistique », le portrait peint, pour inférieur à la photographie, et aussi commercial.

Or Fantin était *portraitiste*, un scrupuleux copiste de la nature ; s'il se plaisait à la peinture pour la peinture, il redoutait « les excès du tempérament » disait-il avec ironie, et préféra

l'asservissement du réalisme, la soi-disant plati-
tude du « rendu », aux extravagances chromati-
ques, à la déformation de la ligne, à la recherche
du ton rare, et à « l'originalité obtenue coûte que
coûte. »

Il aurait été fustigé par « la critique d'avant-
garde », ne fût-ce son passé de « raté » — disons
mieux — de *méconnu*, et s'il avait eu une clientèle
d'Américains ou de personnages officiels.

Sa retraite farouche dans le vieil atelier dont
il faisait lui-même « le ménage » — ceci peut sem-
bler ridicule, mais c'est exact — ajoutait à sa
légende, et rassurait ceux qui croient que le génie
est réservé aux humbles.

⁂

Fantin Latour m'apparaît comme un saint ermite dans sa cabane, macérant sa chair toujours
tentée, s'imposant des privations ; sa vertu ne
rassérénait pas son âme.

Craintif et jouissant de sa retraite, mari d'une
femme supérieure, elle-même peintre de mérite,
Fantin avait des coutumes et des principes de
vie, qui expliquent son œuvre, sans pareille à
notre époque. Ce qui l'a restreinte et atténuée,

donne aussi à cette œuvre sa signification et son
originalité. Fantin me fait penser à cette famille
Milliet que Péguy nous fit connaître dans les
Cahiers de la Quinzaine.

Fantin s'instruisit lui-même auprès des Maîtres, sans passer par l'école : rare et bon exemple
pour les jeunes artistes d'aujourd'hui. Tel, plus
hardi que lui et de plus d'invention, aurait peut-
être fait un autre usage de la « Bible du Louvre. »
Tout ce qu'il faut savoir, il le savait. Ses copies
sont des chefs-d'œuvre. Sont-elles des copies ? Il
s'y montre personnel, autant qu'ailleurs. Elles
traduisent si librement les originaux, tel est leur
accent, qu'elles étaient reconnaissables entre toutes et, dès les débuts de Fantin, recherchées par
les amateurs. Fantin sut réduire aux proportions
d'un tableau de chevalet, tout en leur conservant
leur noble envergure, les somptueuses *Noces
de Cana*. Combien en fit-il de répliques ? On les
lui commandait, il les exécutait dans la lumière
insuffisante du Salon Carré. Si j'excepte les grands
morceaux de Delacroix d'après Véronèse, je ne
sais rien qui soit d'une pénétration plus aiguë.
Véronèse, Titien, Rembrandt donnèrent à Fantin d'autres occasions d'interprétation originale.
Comprendre à ce degré un chef-d'œuvre, ajouter

à une copie autant de soi-même, ne serait-ce
pas... égaler — selon la formule de Balzac?
Tout au moins comme peintre et technicien.
Fantin est parmi les maîtres.

Fantin-Latour, nourri des ouvrages des maîtres
anciens, si variés, si stimulants, s'est arrêté trop
tôt, en route. Il aurait pu être un éducateur, un
classique moderne, un représentant de la vraie
tradition perdue par l'académisme. Dans la première partie de sa carrière, quel robuste et *raisonnable* métier il avait à sa disposition! Au début,
l'influence du passé agit sur lui comme un toni-
que. Parmi ses camarades, tous plus ou moins
révolutionnaires, — peintres ou littérateurs — il
se laissa porter, un peu malgré lui, dans un
magnifique mouvement d'indépendance et de
protestation contre l'École. Grâce à M. Lecoq de
Boisbaudran, ce professeur et guide clairvoyant,
les élèves de l'atelier Lecoq découvrirent tôt en
eux-mêmes, et révèlent dans leurs ouvrages, des
dons individuels, qui parfois tardent à se produire, ou sont gâchés par l'éducation.

Si la plupart des artistes de premier rang se
développent et élargissent leur vision à la mesure
de leur expérience d'homme, d'autres s'épuisent
ou se dessèchent. Fantin portait en soi une fai-

blesse ; pour la pallier, une vie plus extérieure eût été nécessaire, avec moins de petites manies bourgeoises. Sa peur des êtres vivants, sa « phobie » s'aggravèrent avec l'âge.

Dès ses débuts, il se claquemure ; ses deux sœurs sont presque les seules femmes qu'il ne craigne pas de faire poser. Elles sont d'aspect austère, d'un maintien chaste et prude, particulier à leur classe. Une certaine suavité se dégage de toute leur personne. Elles étaient loin de la société élégante et frivole que portraituraient les favoris du jour.

Paris ne présente plus aujourd'hui ces caractères tranchés qui faisaient reconnaître à leur mise même, la classe des individus. Les grands magasins de nouveautés allaient répandre dans tous les quartiers de la ville, et en province, ces « confections » ces odieuses formes qu'impose la rue de la Paix. Nos femmes furent, comme malgré elles, « tirées à quatre épingles », coiffées d'absurdes chapeaux... La toilette féminine prit bientôt pour idéal le journal de modes, ce qui expliquerait la lamentable école de portraitistes dont la fin du XIXe siècle semble avoir eu le privilège. Nulle distinction ni simplicité ; une banale, universelle élégance, tapageuse ou guindée,

que « stylisèrent » les impressionnistes en les
outrant.

Où sont les berthes, les canezous, les guimpes
et les rotondes, ou ces cols rabattus des femmes
de Fantin-Latour? Il assiste à la dégradation
progressive d'une beauté qui lui est chère, les
modèles lui font défaut, ou du moins il se l'imagine: de là une retraite anticipée du portraitiste.
Il prétexte d'une gêne devant les inconnues,
pour refuser les commandes. Très nerveux, faci-
lement agacé par les conversations, maniaque
comme une vieille fille, la présence d'autrui le
paralyse. Toute personne étrangère à son petit
cercle trouble l'atmosphère dans laquelle il avait
conçu et réalisé ses meilleurs morceaux. Marié,
il ne fit plus poser que sa femme et les membres
de la famille de celle-ci, les Dubourg, ou bien
quelques artistes, ses amis. A part ceux-ci, je ne
citerai que Mme Léon Maître, Mme Gravier et
Mme Lerolle, et ce furent là des effigies assez
froides et compassées.

Fantin était d'une maladresse attendrissante
dans l'arrangement d'un fond d'appartement et
le choix d'une mise en scène. Ce réaliste scrupuleux ... glait derrière le modèle un bout d'étoffe
grise, ou dressait un paravent de papier pour

tenir lieu de boiseries ! Dans *Autour du piano*, dont Emmanuel Chabrier forme le centre, je me rappelle la peine que prit Fantin pour donner quelque consistance au décor. D'ailleurs ce tableau célèbre, excellent en quelques-unes de ses parties, demeure comparable à une scène du musée Grévin. M. Lascoux, M. Vincent d'Indy, M. Camille Benoît, sont des mannequins d'une mollesse et d'une gaucherie d'attitude tout à fait surprenantes.

L'atelier de Fantin était éclairé comme celui d'un photographe de jadis. Il ne savait pas varier ses effets, donner de l'imprévu à ces réunions d'hommes que les Hollandais auraient baignées dans un clair-obscur. La *famille Dubourg*, autre toile célèbre — à mon avis l'une des moins bonnes de l'artiste — m'apparaît telle que si M. Nadar avait prié ces braves gens de venir chez lui à la sortie de l'office divin, dans leurs vêtements du dimanche. Le plafond de verre qui, d'un bout à l'autre de l'atelier, jetait une lumière diffuse, amollissait les plans.

Fantin craignait trop peu la monotonie !

Il est deux exemples cependant de ce qu'il pouvait faire, quand le hasard collaborait avec lui. Quelques Anglais qui s'adressèrent à ce portrai-

tiste peu sociable, avaient sans doute deviné que
l'auteur des « Brodeuses » saurait rendre leur
caractère digne et sans prétention.

Je ne sais dans quelle occasion — sans doute
par l'entremise d'Otto Scholderer, établi en Angleterre,—l'avocat peintre-graveur Edwin Edwards
et sa femme, avaient été présentés à Fantin, qui
alla même à Londres et demeura chez eux : ce
que dut être ce déplacement! Prendre le bateau,
traverser la Manche! Cependant il y retourna en
1884 et je l'y rencontrai. Le premier voyage « au
delà des mers » dut s'accomplir après 1870.
Whistler et plusieurs artistes français, entre
autres Alphonse Legros, Cazin, Tissot, Dalou,
s'étaient fixés en Angleterre depuis la Commune
de Paris. « Il est presque regrettable que Fantin
n'ait pas pris part aux événements de la Commune — disait un de ses amis — l'exil et la
lutte l'auraient peut-être renouvelé. »

Mr. Edwin Edwards occupait les loisirs de sa
retraite à graver de sèches mais curieuses vues
de la Tamise, et il possédait une villa à la campagne, où Fantin fut invité. Je ne sais si c'est là
que fut exécuté le double portrait, si ce fut dans
la délicieuse lumière opaline de Golden Square,
ce coin vieillot que hante l'ombre de Dickens, ou

dans l'atelier de la rue des Beaux-Arts. C'était
un fort beau couple, ces Edwards. Ruth Edwards,
les bras croisés, avec son visage sémite et anglais,
aux bandeaux de cheveux grisonnants, est debout, vêtue d'une robe en gros tissu d'un indé-
finissable gris bleu, dans le style de Rossetti et
des préraphaléites. A côté d'elle, assis, et regardant une estampe, Mr. Edwards, avec sa barbe
de fleuve, ses cheveux blancs de père Noël. Cette
toile, exceptionnellement savoureuse et forte,
appartient déjà à la National Gallery. Mrs. Edwards avait promis de l'offrir à la « Nation » dès
qu'elle le pourrait. L'épreuve était redoutable
pour notre compatriote et notre contemporain;
mais ce morceau tient sa place au milieu des
chefs-d'œuvre qui l'entourent et avec lesquels il
était digne de voisiner.

Une autre fois, Mrs. Edwards, qui avait pris
l'autorité d'un marchand et d'un impresario, lui
fit entreprendre le portrait d'une jeune fille,
miss B... Après beaucoup de résistance, Fantin
consentit à recevoir chez lui cette étrangère, dont
la vivacité et les libres allures bouleversèrent le
n° 8 de la rue des Beaux-Arts. Revêtue d'une
longue blouse de travail jaune, d'une cotonnade
de William Morris, à menus dessins ton sur ton,

Fantin l'assit de profil, devant l'inévitable fond gris. Elle regarde des crocus jaunes dans un verre et elle s'apprête à les copier à l'aquarelle. Et ce fut là encore une grande réussite, quoique le maître se fût mis à la tâche, furieux et contraint. De quelle précieuse galerie il nous priva, en se répandant si peu au dehors !

Rappelons encore ce beau tableau un peu froid mais si intense : Mlle Kallimaki Catargi et Mlle Riesner étudiant la tête en plâtre d'un des esclaves de Michel-Ange, et un rhododendron aux sombres feuilles. Nous sommes reconnaissants à ceux qui apprêtèrent pour Fantin un motif un peu piquant; qué ne furent-ils plus nombreux, ces « intrus » dont l'apparition rafraîchit la vision du solitaire...

Ce bourgeois, casanier avec entêtement, se plaignait de toutes les choses de chez nous : elles choquaient son esprit. Ses sympathies de vieux romantique pour l'Allemagne s'accrurent dans une famille française, mais germanique de tendances et d'éducation, où deux femmes cultivaient par des lectures, de la musique et des discussions, les penchants de Fantin. Ce n'était plus l'intérieur du père et des sœurs — des « Brodeuses » à qui nous donnons le pre-

mier rang dans son œuvre — mais une sorte
de petite Genève sectaire à l'entrée du Quartier
Latin, un oratoire protestant, jalousement clos,
où l'activité cérébrale, les passions allaient
s'exaspérer. Alors, verrouillé chez lui, Fantin
traduisit par la peinture ses impressions littéraires et musicales et, de plus en plus mé-
thodique, quant à la forme, il nous confia les
secrets de son cœur, non plus en de savoureuses
esquisses, mais en des tableaux secs et conven-
tionnels qui occupèrent la fin de sa vie, pour la
fortune future des marchands de la rue Laffite,
sinon pour notre joie.

Les pommes, les pêches qui rappelaient, dans
ses premières toiles, les natures mortes de
Chardin, devinrent des fruits en cire, d'une exécution dure et mécanique. Mrs. Edwin Edwards
en achetait par douzaines, qu'elle lança plus tard
sur le marché parisien, parmi les Harpignies et
les Boudin. Notre peintre, ainsi, entrait sur le
marché.

D'assez bonne heure, Fantin avait fréquenté des
littérateurs, comme l'indiquent l'*Hommage à
Delacroix*, et cette tablée de poètes du Parnasse où
le jeune Arthur Rimbaud appuie ses coudes de
mauvais petit drôle, près d'une brillante nature

morte : deux ouvrages qui, avec l'*Atelier de Manet*, aujourd'hui au Luxembourg, annonçaient un peintre de la grande lignée hollandaise et flamande. L'exécution de ces « pages », comme l'on disait au temps d'Albert Wolff— est très variée : dans l'*Hommage*, la pâte est transparente, légère, chaude et rousse. Dans les deux autres, les têtes, très inégales de qualité, sont parfois admirables, plus souvent creuses et de construction molle. On sent que Fantin excellait surtout à « enlever » des morceaux, ne parvenant que rarement à relier dans l'air, les uns aux autres, plusieurs personnages.

Telles quelles, ces « pages » appartiennent à l'histoire; elles sont très précieuses, quels que soient le convenu des gestes et le morne des expressions. C'est le temps du Parnasse, c'est l'enfance de l'impressionnisme, heure significative dans le XIXe siècle. Fantin fut lié avec ces hommes dont il nous importe tant d'avoir l'image qu'il traça d'un pinceau souvent très fin, mais dénué de cette puissance dans le modelé et le dessin, de cet accent, je dirais *caricatural*, d'un Manet.

Fantin rendit l'aspect, le teint, les vêtements de ses amis, sinon toute l'individualité de leur structure. Il devait être nerveux en leur présence et ne pouvant ou ne voulant jamais « reprendre » un morceau ; tenant surtout à la fraîcheur de la pâte, il n'analysait pas toujours suffisamment les physionomies, dans sa hâte de peindre et par peur de fatiguer l'ami qui est sur la sellette. On dirait qu'il ne parlait pas à son modèle ; or, des séances de portrait ne sont fructueuses que si un rapport intime s'établit entre le portraitiste et la personne portraiturée.

Les séances de portrait sont épuisantes, si l'on n'a pas le goût de la conversation, ou si les gens vous importunent par leur présence. Il eût fallu que Fantin gardât toujours, auprès de ses semblables, un peu de cette liberté qui lui avait permis de faire, comme nul autre, des fleurs et des fruits, de la nature morte. Avec la même sûreté, semblent avoir été conduits jusqu'au « rendu » intense et définitif de la vie, quelques-uns de ses anciens portraits : les *Brodeuses*, le buste de Mlle Fantin, quelques têtes du maître et les deux portraits de sa femme, dont l'un est au Luxembourg, l'autre au musée de Berlin. Ces toiles, de la plus heureuse venue, font penser au style soutenu et ample des Vénitiens, à Rembrandt aussi, et atteignent le plus haut art du portraitiste. Il suffirait de les avoir signées pour que Fantin méritât la gloire. Le peintre s'y montre tel qu'il voulut être : d'un autre temps, retardataire résolu, traditionnel et prudent, mais profondément original et français.

Deux personnes aimées, silencieuses dans l'atmosphère chaude d'une chambre toujours habitée, Fantin excelle à rendre leur pureté et leur candeur moniale, se complaisant à les peindre comme des fleurs, dans des conditions de sécurité et de paix domestique.

Ses groupes de littérateurs et d'artistes ne nous satisfont presque jamais tout à fait. Il semble qu'il y ait eu un moment où Fantin, auprès d'eux, souhaitât d'être seul, ne pouvant plus rendre, faute de recueillement, ce qu'il voyait si bien quand il était à son aise et ne ménageait pas le nombre de ses séances. Prises séparément, les têtes d'Édouard Manet, de Claude Monet, de Renoir, d'Edmond Maître, de Scholderer, dans l'*Atelier aux Batignolles*, sont des morceaux superbes. Peut-on dire que la toile, dans son ensemble, ait une allure magistrale ?

Chaque fois que Fantin multiplie les figures, il pèche par la forme, non qu'il ne pût copier exactement « un morceau », mais le dessin, le grand dessin, n'est pas l'exactitude. La brosse qui rem-

plit d'un bout à l'autre la surface à couvrir, le
pinceau d'un Franz Hals qui, dans l'huile et la
couleur, donne la ressemblance, comme par
hasard, en courant, sans application ni effort ; la
belle *facilité* si décriée de nos jours — celle de
Rubens, de Van Dyck, de Velasquez, de Fragonard et de Reynolds, voilà ce que Fantin n'eut
jamais. Cette brillante virtuosité que galvaudèrent
des prestidigitateurs, à mesure que le faux-sem-
blant, l'adresse se substituaient à la science,
personne ne la possède plus.

Pour le public, l'aspect pauvre des toiles de
Fantin, leur sécheresse, leur froideur et leur nudité, signifièrent : grandeur, profondeur, solidité.
Plus ses fonds étaient tristes, ses figures rigides
et les modelés menus (portraits de M. Adolphe
Jullien, de M. Léon Maître, de la nièce de l'artiste), plus on admirait la manière « discrète » et
« honnête » de Fantin. C'est à des raisons « morales »
que Fantin dut ainsi les faveurs exceptionnelles
d'un certain public grave et pédant ; mais les
natures mortes et les fleurs, ainsi que les fantaisies mythologiques et wagnériennes, n'étaient pas
encore connues de cette clientèle.

Nous savons les milieux où sa réputation se
forma et quelles personnes souhaitèrent d'être

peintes par lui. S'il eût accepté des commandes,
nous imaginons sans peine les modèles qui se
fussent pressés à la porte du portraitiste : je vois
leurs redingotes noires; je vois les tailles de ces
dames, point belles, et vêtues d'un costume tailleur ou d'une robe à demi décolletée « en cœur »;
je les imagine tous figés, contre un fond de terne
boiserie grise; — vêtements sans attraits pour le
coloriste, mais tant de sérieux et de vertu dans
ces visages graves!

S'ils avaient connu Fantin, combien n'eussent-
ils pas été choqués par son esprit paradoxal, son
ironie! Comme la conversation du peintre et de
ces « intellectuels » eût été vite interrompue.
Il eût tôt pris le contre-pied des opinions émises
par sa clientèle. Cet artiste dédaigneux, avec ses
subites boutades, était un bourgeois aussi, mais
point de ceux-là!

Étudiez le portrait de M. Adolphe Jullien : soigneusement dessiné, modelé jusqu'à la fatigue,
dans une lumière argentée, un monsieur est assis
comme il le serait chez Pierre Petit, une main
appuyée sur une table (dont le tapis est d'ailleurs bien joli), et l'autre main sur la cuisse. Uni-
versitaire? ingénieur? magistrat? savant? On ne
peut dire ce qu'il est; mais c'est un homme *sérieux*.

Fantin vivait deux vies à la fois; la peinture les maintenait en équilibre. Sa pensée se plaisait avec les philosophes, les poètes ; les lettres, la musique enrichissaient son cerveau qui était aussi actif que son corps était lent. Dans son fauteuil d'acajou, assis comme un notaire de province, près de l'abat-jour vert d'une lampe Carcel, il poursuivait un rêve que ses compositions, d'inspiration poétique ou musicale, ne traduisent qu'imparfaitement. Il donna rarement une forme digne de sa pensée — par le pinceau ou le crayon lithographique — aux visions qui se présentaient à lui pendant les lectures à haute voix, dans des soirées de tête-à-tête, où son imagination s'exaltait, s'enflammait comme à l'audition d'un opéra ou d'une symphonie. Mais sa main donnait à ses visions la forme des êtres et des choses de ses entours, où il trouva les éléments de ses tableaux de fantaisie. Ses paysages modérés, les colonnades de ses temples, ses draperies, sortent des innombrables cartons d'estampes, chaque jour feuilletés, étudiés amoureusement, copiés même. Son type féminin, d'une beauté corrégienne, blonde, grasse, ce visage d'un ovale plein, il l'a vu auprès de lui; ce sourire, cette bouche, nous les retrouvons dans ses groupes de famille, chez certaine dame à capote, à rotonde, qui boutonne un gant de « chevreau glacé ». Ce type est celui des chastes beautés que Fantin fait courir, au clair de lune, dans les clairières, qu'il couche sur un nuage, enveloppées d'un mol tulle. Il n'osait regarder que ses proches, parmi les vivants, et, s'il rêvait de parcs et de bois, c'était des seuls qu'il connût : les fonds des tableaux de maîtres...

Un grand peintre n'a pas, nécessairement, une culture universelle ; il lui manque le temps de se la donner, et son génie devine ce que les autres apprennent. Si Fantin, dans la retraite qu'il avait choisie, fut au courant des faits et gestes de chacun, des « potins » de Paris, il n'est de grands problèmes auxquels il soit resté étranger. S'il sortait à peine de chez lui, son information et sa culture étaient sans cesse entretenues par ses « fidèles », par les revues et les livres qu'on lui prêtait. Il supporta même certain niais fatigant et trop empressé, à cause « des nouvelles » que lui apportait ce rat de coulisses et de salles de rédaction. M. Chéramy, l'avoué, se faisait l'écho du boulevard, de l'Opéra ; chaque ami correspondait à une spécialité, répondait à un besoin.

Parmi les plus assidus de la rue des Beaux-Arts, fut mon très cher Edmond Maître, cet homme pâle et maigre qui écoute Chabrier au premier plan du tableau *Autour du Piano* et que l'on voit dans un coin de l'*Atelier aux Batignolles*. Je ne puis séparer de celui de Fantin, le nom de cet homme d'élite qui fut trop orgueilleux ou trop modeste pour rien signer, et se borna à fréquenter les meilleurs d'entre les peintres, les musiciens, les poètes, les philosophes de son temps, et qui était consulté par eux. Pour avoir un avis, un éloge de lui, que n'eût-on donné ? Cet admirable esprit avait parcouru tous les domaines de la connaissance. Il se contenta d'être un amateur et un dilettante et avait tellement joui par l'exercice de sa pensée, et sa mémoire était si riche, que, presque aveugle, il nous disait peu avant de mourir :

« Je voudrais que cela n'eût pas de fin, tant je me divertis de mes souvenirs. »

Ce prophète est mort trop tôt ; pendant vingt-cinq ans je l'entendis prononcer des jugements sur les favoris et les dédaignés de l'art et de la littérature : nul ne s'est prouvé faux par la suite. Edmond Maître était le goût et l'intelligence mêmes ; infaillible comme son ami Baudelaire.

De la rue de Seine, où il demeurait, il se rendait souvent chez son voisin, et celui-ci avait

beaucoup profité des conversations si variées, si
solides, des vastes lectures d'Edmond Maître, son
universel dictionnaire, son bibliothécaire, l'intermédiaire entre le monde extérieur et la maison
de la rue des Beaux-Arts, qui devenait de plus
en plus ombrageuse. Pendant ses dix dernières
années, Fantin ne pouvait se décider à aller
entendre, au théâtre ou au concert, les chefs-
d'œuvre auxquels il était le plus sensible, et je
me rappelle que, lors d'une reprise des *Troyens*,
place du Châtelet, malgré son désir de voir un
opéra qu'il chérissait entre tous, les billets pris,
il ne se décida pas à traverser la Seine, le soir.
La nuit, le froid, la chaleur, la foule, tout le
troublait, dans la perspective de cette sortie
inusitée. De plus, l'état nerveux, la sensibilité de
Fantin le rendaient positivement malade, quand
il éprouvait une violente émotion d'art. Certaine
musique le faisait pleurer, lui causait des crises
de nerfs.

Il ne connut donc ses ouvrages favoris que par
la lecture, le piano, ou par des reproductions, si
c'étaient des œuvres plastiques. L'Italie, la Hollande, l'Allemagne étaient trop loin, et le chemin
de fer trop dangereux pour tenter un voyage.
A part Londres et Bayreuth — où il était allé

en 1875, pour les fêtes inaugurales, — Fantin
s'était résigné à ne rien voir de ce à quoi il songeait sans cesse, de ce qui stimulait sa production
quotidienne.

Les petites toiles qu'il empâtait, grattait, gla-
çait au médium Roberson, étagées par deux et
trois, l'une au-dessus de l'autre sur son chevalet,
sont comme les dialogues tenus par Fantin avec
ses auteurs de dilection. Il finit par prendre un
tel goût pour ce travail de solitaire, qu'à la longue, il se persuada qu'il y mettait l'essentiel, et
renonça à « la nature ». Obstiné comme il était,
ayant la sensation d'une sorte de réserve du
public et des artistes, quant à ses œuvres d'imagination pure, il se rebiffa et ne consentit plus à
rien exposer, qui fût pris sur le vif. Il donna
encore un tour de clef, et sa porte ne s'ou-
vrit plus que devant le marchand de tableaux
Templaer et les quatre ou cinq habitués du
lundi.

Ce soir-là, de tradition, était consacré à ces
« fidèles », pour qui Fantin sortait lui-même com-
mander un bon plat chez Chiboust, ou l'un de ces
gâteaux de Quillet, dont il était friand, mais qu'il
redoutait comme tant de choses. Edmond Maître
me racontait les rites invariables de ces réu-

nions hebdomadaires, intimes et pourtant cérémonieuses, et je me souviens du rôle muet de deux
dames qu'il y rencontrait une fois la semaine,
qu'il reconduisit vingt ans de suite à l'omnibus
vers neuf heures et demie, et dont, par discrétion, il ne demanda jamais le nom ni la condition. Fantin remettait à l'une d'elles le journal
le Temps, au moyen duquel il prenait soin de dis-
traire la respectable femme, tandis que s'échan-
geaient, entre les autres, des propos auxquels cette
comparse ne faisait jamais allusion et qu'elle ne
paraissait point entendre.

Ce Parisien de Paris, attaché à tout ce qui est
de Paris, ce prototype du Français dénigrait la
France, la disait pourrie, appelait de ses vœux
une « bonne correction », lui qui eût tant souffert
de voir son quartier envahi, comme il commençait de l'être par les étrangers. Il devait aussi se
préoccuper du malentendu sur quoi était fondé
son succès; il occupait une de ces positions
fausses que l'on tâche de ne pas voir soi-même,
mais dont un nerveux finit par être incom-
modé. Il était tour à tour fier et vexé des louanges
qu'il recevait dans des découpures de la presse,
sous des signatures alarmantes. S'il lui avait été
possible de siéger sous la coupole, tout en rail-

lant les membres de l'Institut ! L'épée pacifique
qui bat les pans de l'habit vert, lui semblait être
une arme appropriée pour un artiste, dût-il en
marchant s'y prendre les jambes. L'énergie lui
manquait pour avouer que le Palais Mazarin n'est
point un lieu à dédaigner. Il raillait et désirait.

Il fallait connaître Fantin à fond pour jouir de
sa société. Les contradictions de son esprit
réjouissaient ses amis et rendaient sa société
impraticable pour les autres. Il y avait d'ailleurs
en lui deux personnes destinées à ne jamais
s'accorder entre elles, comme il y avait deux
peintres qui luttaient entre eux.

Les dîners du lundi avaient lieu dans une
chambrette à laquelle on montait de la « tente
orléaniste » par un sombre escalier tournant ;
c'était la salle à manger et le salon. Une seule
fois j'y fus conduit et pus voir l'*Hommage à Berlioz;* Fantin avait un faible pour cette toile qui
n'avait pas eu de succès, qu'il savait n'être pas
réussie, qu'il avait trop travaillée. Elle présidait
aux repas. Il y avait un canapé sur lequel les
dîneurs s'asseyaient, et un piano ; on se serait cru
dans une arrière-boutique du faubourg Saint-
Germain.

Là, en confiance avec le juge d'instruction Lascoux, Amédée Pigeon, l'ancien précepteur de Guillaume II, M. Adolphe Jullien, le critique musical des *Débats*, M. Camille Benoit, ou M. Chéramy — et toujours avec Edmond Maître, — Fantin faisait une revue de la semaine; il s'occupait beaucoup de politique. Je n'ai jamais eu l'honneur d'être invité, mais j'ai cependant vu Fantin en verve et débridé. Son visage devenait tout à fait beau; ses yeux lançaient des éclairs. Comme je l'ai entendu parler éloquemment de Gœthe, de Shopenhauer, de Wagner, de Renan, de Hugo, d'Ingres et de Delacroix! Quand il parlait de ce qu'il aimait vraiment, c'était une joie de l'écouter. Je n'ai jamais retrouvé, depuis, dans aucun milieu d'artistes, ce sincère intérêt, cette passion, cette dévotion que les hommes d'alors gardaient jusqu'à la tombe. Il est mort à temps, avant la haute marée d'ignorance, de grossièreté et d'anarchie. Il aurait regretté d'avoir tendu sa main — geste dont il était très avare — à ses « défenseurs » qui seraient devenus « ses ennemis ».

Vers le mois de juin, les émotions du Salon dissipées, une voiture à galerie venait prendre dans la rue des Beaux-Arts les malles et les menus bagages de la famille Fantin. C'était le départ pour la campagne, pour ce village bas-normand où l'artiste possédait une maisonnette dans un jardinet aux fleurs classiques, d'après lesquelles il peignit ces toiles dont Mrs. Edwards n'était jamais assez munie.

C'étaient de bonnes journées de travail dans quelque chambre dont la fenêtre ouverte laisse entrer les bruits de la route ou du bourg : un gamin qui chante au sortir de l'école, le cahot d'une charrette, le gloussement du poulailler, le mugissement d'une vache, par-dessus le mur de silex hérissé de ravenelles et de scolopendres. Le peintre, sous un vieux chapeau de paille, le cou enveloppé d'un foulard d'été, toujours chaussé de pantoufles, dès après son petit déjeuner va cueillir dans les plates-bandes ce que la nuit a fait éclore de plus coloré. Il pose sur le coin d'un meuble de chêne, devant un carton gris qui servira de fond, un de ces récipients en verre uni que Mrs. Edwards lui envoie de Londres, fabriqués sur les conseils ingénieux de certaine monomane du jardinage, et différant de forme selon la tige, la fleur et le feuillage; avec mille soins, après de graves conciliabules, on fait un choix dans la récolte du matin. Les délices d'une bonne séance vont être savourées, en dépit des mouches importunes et de la chaleur. La palette a été préparée dès la veille, elle est déjà, à elle seule, un bouquet aux tons composés — bleu tendre, lilas, jaunes roses, jaunes beurre frais, s'entourant de bruns, d'ocres, de tous les rouges et de noirs; — une mosaïque en pâte huileuse, dont il suffira de déranger la symétrie pour en faire sur la toile le portrait d'un bouquet.

Fantin est très méticuleux pour la composition de sa palette. C'est un moucheté de petits tas de couleurs : la palette de Delacroix, mais enrichie de beaucoup d'éléments nouveaux, des « tons préparés ».

Il enduisait sa toile, à l'avance, d'un ton neutre, transparent, qui servait de fond, invariablement. Si ce n'était l'air qui circule autour d'eux, on dirait certains tableaux de fleurs exécutés comme des ornements en pyrogravure sur une table, ou sur une boîte dont le bois reste visible Il en est même parmi les moins bons, qui, en dépit de leur savante anatomie, ont l'aspect des modèles d'aquarelle pour jeunes pensionnaires. D'autres fois, il gratte le fond avec son canif, comme pour suggérer le treillis, le tremblé, la buée de l'atmosphère, et allège la matière sans rien enlever à la précision du contour qu'amollirait le contact de deux pâtes humides se pénétrant l'une l'autre. Sans estompage ni bavochures, c'est une pâte plus ou moins épaisse, selon que la chair de la fleur est veloutée, soyeuse, pelucheuse ou lisse, métallique ou fine comme de la baudruche.

Chaque fleur a sa carnation, sa peau, son grain, son métal ou son tissu. Les lis, secs, cassants et glacés comme une hostie, avec leurs pistils de safran, comportent un autre rendu que les cheveux de Vénus, les pavots et les roses trémières, minces et plissées comme le papier à abat-jour; le dahlia, qui est un pompon et un rayon de miel; la capucine, taillée dans le velours, comme le géranium, la gueule-de-loup ou la pensée, ne sauraient être modelés de même que le glaïeul coupant, le bégonia ou l'aster. Les fleurs sont tour à tour des papillons, des étoiles de mer, des lèvres ou des joues de femme, de la neige, de la poussière ou des bonbons, des bijoux émaillés, du verre translucide ou de la soie floche. Fantin étudiait leur caractère comme celui d'un visage humain.

Fantin aima surtout celles des vieux jardins de curé qui poussent sans trop de soins dans les parterres entourés de buis. Je ne crois pas qu'il ait portraituré les pivoines ou les nouveaux chrysanthèmes qui ne savent où arrêter les prétentions de leurs falbalas. Il fit des pieds-d'alouette et de l'œillet, de petits chefs-d'œuvre.

Dans sa jeunesse, il avait parfois amoncelé et serré dans un vaste pot blanc, sur un fond sombre de muraille, des bottes de fleurs, comme on grouperait des écheveaux de laine pour la joie des yeux; mais la plupart de ses études sont d'un seul genre de fleurs à la fois, afin, sans doute, d'en donner une image plus individuelle : des portraits.

Fantin a dû créer ses petites pièces de maîtrise dans la joie tranquille des journées saines et unies de l'été à la campagne. Se mettre au travail de bon matin, sans crainte d'un visiteur indiscret, c'est la moitié du succès dans un genre d'ouvrage impossible à interrompre, car les fleurs sont des modèles éphémères qui meurent pendant qu'on les peint.

Laissons Fantin penché sur sa toile et analysant avec ardeur leurs moindres traits, dont l'expression change avec les heures du jour et qu'il convient de saisir au bon moment. Chaque sonnerie du clocher lui fait battre le cœur, de crainte qu'un pétale ne tombe, que des trous ne se creusent dans l'édifice chancelant. Mais la pensée de Fantin se dédouble et, malgré son application à peindre, vagabonde; il se promène dans des musées lointains, chantonne du Schumann et se redit à lui-même certaines phrases de ses auteurs chéris.

L'expérience nous apprend à quel moment il sied de couper les fleurs, afin qu'elles restent plus longtemps sans se faner, et les plusieurs manières de prolonger leur agonie. Vous pouvez faire un bouquet en ménageant des vides, où, une fois peintes les premières fleurs, vous en glisserez d'autres qui les encadreront. C'est tout un art, qui exige beaucoup d'habitude, d'adresse et de soins. Fantin, qui fit tant de tableaux de fleurs, devait avoir pour elles les attentions et la tendresse d'une demoiselle sentimentale. Quel enivrement, à la dernière séance, quand la fin du jour approche, d'harmoniser, d'orchestrer l'œuvre entière et d'y mettre les vigueurs, les éclats décisifs, juste avant la minute où toutes ces belles chairs, hier encore palpitantes, ne vont plus former, flétries, qu'un charnier! C'est dans les roses que Fantin fut sans égal. La rose, si difficile de dessin, de modelé, de couleur, dans ses rouleaux, ses volutes, tour à tour tuyautée comme l'ornement d'un chapeau de modiste, ronde et lisse, encore bouton, ou telle qu'un sein de femme,

personne ne la connut mieux que Fantin. Il lui
garde toute sa noblesse, à elle que tant de mauvais
aquarellistes ont « banalisée » par des coloriages
sur le vélin des écrans et des éventails. Il la
baigne de lumière et d'air, retrouvant à la pointe
de son grattoir la toile « absorbante », sous les
épaisseurs de la couleur, et ces vides qui sont
des interstices par où la peinture respire. Métier
tout opposé à celui d'un Courbet, dont le couteau
à palette pétrit la pâte, l'enfonce de force et lui
donne la surface magnifique, polie et glacée de
l'onyx et du marbre.

Dans ses tableaux de fleurs, le dessin de Fantin est quelquefois beau et large, il est tooujurs
sûr et incisif. La fleur qu'il copie, il en donne la
physionomie ; c'est elle-même et non pas une
autre de la même tige ; il dissèque, analyse,
reconstruit la fleur, et ne se contente pas d'en
communiquer l'impression par des taches vives,
habilement juxtaposées. La forme peut être si
éloquente à elle seule que, dans une lithographie
très rare, dont je possède une épreuve, Fantin
est parvenu avec du blanc ou du noir, à faire
deviner, dans le cornet de verre d'où elles s'élan-
cent, toutes les couleurs d'une botte de roses.
Comme cet art analytique et raisonné, encore si

frais, est de chez nous ! Comme ces toiles sont
bien d'un petit-fils de Chardin ! C'est par elle
que le bon bourgeois français Fantin-Latour s'est
le plus complètement exprimé. Ici, nulle trace
d'austérité ou de lourdeur allemande, mais la
logique, la belle clarté de la langue du xviiie siècle.

La *Tate Gallery* possède une toile des plus
importantes par sa grandeur et la perfection du
bouquet riche et varié qui s'y déploie. C'est peut-
être là que Fantin atteignit le plus haut degré de
son talent ; encore un don de Mrs. Edwin Edwards,
l'infatigable amie qui imposa Fantin à l'admiration de ses compatriotes, alors que personne, en
France, ne savait qu'il peignît des fleurs.

Chaque automne, de retour à Paris, Fantin
rassemblait ses travaux de l'été, et, après avoir
comparé, une à une, ses études avec celles qu'il
gardait accrochées à sa muraille, — choix de
pièces parfaitement réussies, — il les posait à plat
dans une caisse, les châssis retirés, et les expé-
diait à Londres. Là, Mrs. Edwards les faisait
encadrer, conviait un public d'amateurs à les
venir admirer. Trop longtemps, elles furent
introuvables en France; Fantin ne se révélait à
nous que par de rares portraits et les fantaisies
qu'on avait pris l'habitude respectueuse de louer.

On se demande, d'ailleurs, si les critiques étaient sincères, maintenant que nous assistons à une incohérente explosion d'opinions contracdictoires chez les plus réputés d'entre eux. On peut tout faire admettre par un homme dont le métier est de juger un art qu'il n'a pas pratiqué. Les littérateurs se plaisaient à suivre Fantin rêvant en compagnie de Berlioz, Wagner, Schumann, ou se promenant en pleine mythologie, sans quitter la rue des Beaux-Arts, et croyaient humer la fumée de sa familiale bouilloire à thé, dans les ciels argentés de ses théophanies. Oui, certes, ces tableautins étaient bien de Fantin-Latour, par l'exécution, parfois aussi par la couleur; c'étaient les visions d'un romantique attardé, troublant les nuits de ce peintre trop prudent. Ses nymphes et ses déesses, au galbe corrégien, ce sont des ménagères désirables mais chastes, qui se montrent, mais ne s'offrent pas; apparitions de figures académiques groupées comme des « tableaux vivants » d'amateurs. Je ne dis pas que cette partie de l'œuvre de Fantin soit à dédaigner. Il est même de charmants morceaux dans cette série, la plus nombreuse en tout cas, et sa favorite; hélas! ce n'étaient pas ses esquisses qu'il envoyait aux expositions, mais des sortes de pièces d'apparat, fabriquées en vue des Champs-Élysées, et que l'État ou la Municipalité lui achetait pour les galeries.

L'École des Beaux-Arts nous offrira bientôt une ample collection des ouvrages de Fantin-Latour. Il sera intéressant de connaître le jugement porté, deux ans après sa mort, sur l'honnête artiste qui crut opposer une si exacte discipline, et son culte de la tradition, aux progrès de « la folie et de l'orgueil », comme il disait (1).

---

(1) *Cette étude, écrite avant l'exposition posthume de Fantin, à l'École des Beaux-Arts, parut dans* la Renaissance latine.

JAMES MAC NEILL WHISTLER

Pour Walter Sickert.

Les littérateurs ont beaucoup écrit sur Whistler (1) à l'occasion de sa mort. Ils présentèrent ce charmant et singulier artiste au public comme une sorte de Mallarmé de la peinture, un nécroman dans sa tour d'ébène, au milieu d'un jardin où le soleil ne pénètre point.

Le succès parisien de Whistler éclate à une époque d'alanguissement général. En peinture. dominaient les teintes grises, comme en musique et dans les lettres ; un goût maladif du factice, de l'ésotérisme, de l'exceptionnel et du bizarre. Ce fut la saison des hortensias bleus et des chauves-souris, des langueurs et des fièvres.

(1) Cette étude a été écrite en mars 1905, après l'exposition à **Londres** des œuvres de Whistler. Celle de Paris, très incomplète, mal éclairée, dans les galeries de l'Éco'e des Beaux-Arts, est encore venue brouiller les idées. Il semble qu'on doive toujours être injuste avec cet artiste, dans l'éloge comme dans la critique.

Le « whistlérisme » et le « mallarméisme » sont des formules qui enchantèrent notre jeunesse, comme des préciosités dignes de nos dédaigneuses personnes ; ces néologismes éveillèrent l'attention de la foule. Le portrait de la « mère de l'artiste » acquis pour le Luxembourg est un ouvrage qui plut par ce que certains snobs crurent y découvrir de morbide ; ses mérites techniques en font pourtant un des exemples les plus sains qu'on puisse proposer à l'étudiant, et des plus traditionnels.

C'est le plus souvent par ce qu'il a de périssable qu'un artiste s'impose à l'admiration de ses contemporains : d'où tant d'erreurs et de faux jugements. Les qualités qui nous charment dans certaines toiles anonymes des siècles passés échappent aujourd'hui à l'amateur bourré de littérature.

Dans mes plus anciens souvenirs, j'entends encore le nom de Whistler prononcé par les hommes que Fantin-Latour a groupés autour de Manet et du portrait de Delacroix. Au fond de l'atelier de la rue des Beaux-Arts, on voyait l'hommage à Delacroix, où un jeune dandy, pincé dans sa longue redingote, les cheveux noirs bouclés, avec une mèche blanche sur le

front, la bouche ironique, un monocle à l'œil,
se retourne vers le spectateur ; c'est un élégant
au milieu de Français qui sont Baudelaire,
Champfleury, Balleroy, Duranty, Legros, Brac-
quemond, Fantin. Ce personnage étrange m'in-
trigua longtemps. Son nom revenait sans cesse
dans la conversation des élèves de Lecocq de
Boisbaudran et de Gleyre, « les anciens » du Salon
des Refusés, auxquels j'osais à peine poser des
questions. Le « petit Whistler » avait été un
type original d'Américain, à une époque où les
étrangers venaient moins nombreux faire leurs
études à Paris. Whistler avait disparu vite, après
des débuts brillants, dont il était moins question
que de son allure, de son monocle et de son
esprit, de son impertinence et de son dandysme.

Que peignait-il vers 1860 ?

Nous connaissons, si nous en prenons la peine,
la manière, avant 1870, d'un Manet, d'un Renoir,
d'un Fantin ou d'un Carolus Duran, ses amis.
Mais, de Whistler, rien à voir, dans Paris ! Toujours était citée la « Demoiselle en blanc », *symphonie de blancs* à laquelle il avait travaillé pendant des mois dans un atelier démeublé, tout
tendu d'étoffes blanches. Je sais maintenant,
pour l'avoir vu récemment, ce qu'était ce pauvre

essai maladroit et informe ; je ne me rends pas
compte de la profonde sensation qu'il créa quand
il parut : Gleyre fut irrité par cette audace et les
prétentions de son rétif élève ; mais les camarades
virent quelque chose d'étonnant, « d'exceptionnel »,
dans cette figure blanche, d'une valeur si veule,
sur un fond inconsistant. Ils parlèrent « d'harmonies », de « nocturnes » et de « symphonies ».
Était-ce un musicien ou un peintre, ce Whistler ?

Un jour, me promenant, collégien en congé,
dans un de ces entresols de l'avenue de l'Opéra
où les impressionnistes groupaient leurs œuvres,
parmi lesquelles une danseuse juponnée de tarla-
tane, que Degas avait modelée, je vis un petit
homme noir avec un chapeau haut de forme à
bords plats ; un pardessus à taille tombait sur ses
souliers à bouts carrés ; il maniait un appuie-main
de bambou en guise de canne ; poussait des cris
aigus ; gesticulait devant la vitrine qui renfer-
mait la figurine de cire. Je pensai tout de suite
à Whistler. C'était lui, en effet, et je le rencontrai bientôt chez Degas, comme Ludovic
Halévy m'avait introduit dans ce sanctuaire
redoutable. Whistler avait apporté un carton de
vues de Venise à la pointe sèche, qu'il tirait avec
mille précautions d'un étui de vélin à rubans

blancs... beaucoup de papier, pour quelques égratignures simulant de vagues reflets de lampes dans l'eau. Les gravures et les lithographies de Whistler — je les ai, depuis, presque toutes vues — ne me semblent pas dignes de leur réputation. Les premières, celles de Paris, sont franches, appuyées, et rappelleraient Méryon; les autres sont plus libres, jolies parfois, mais faibles, sans caractère dans leur pittoresque de vignette, genre où Mariano Fortuny, trop oublié, excella plus tard.

Vers 1885, pendues haut, à la Grosvenor Gallery, en quelque sorte mises en pénitence, j'aperçus deux toiles, longues, étroites, dans leur cadre d'or mat, strié et plat comme la peinture de ces deux portraits, pour ainsi dire enfoncée, rentrée dans un gros canevas à tapisserie. Les figures semblaient se tenir à plusieurs mètres en arrière du cadre. L'une était rose et grise : une femme en robe d'un ton de coquillage, un grand chapeau de paille à la main; le tout d'une pâleur chaude de pivoine fanée. C'était lady Meux, « arrangement n° 2 ». L'autre tableau, tout noir, mais d'un noir translucide, comme de l'encre sur de l'or, était une figure anguleuse, au long col paré de perles de corail : Maud, la première

femme de Whistler, son modèle préféré, l'inspiratrice de quelques-unes de ses toiles les plus
caractéristiques.

Jamais je n'avais eu pareille révélation d'un
art nouveau.

Helleu et moi voyagions en Angleterre; nous
n'eûmes plus qu'un désir : voir Whistler. Nous
allâmes frapper à la porte de la « White House »,
Tite Street, Chelsea. On passait, pour se rendre à
l'atelier, par une série de petites chambres
peintes en jaune bouton d'or, sans meubles; des
nattes japonaises à terre. Dans la salle à manger
bleue et blanche, des porcelaines de la Chine et
de vieilles argenteries égayaient une table toujours
garnie, dont le centre était un bol bleu et blanc,
où nageait un poisson rouge.

Sur les murs du studio, nul ornement. Dans
un coin, loin de la fenêtre, un rideau de velours
noir devant lequel le modèle pose. Deux chevalets attendent près d'une immense table-palette,
avec une série de « tons préparés ». Ce sont des
« mixtures » différentes pour chaque toile, et dont
l'artiste se sert, de la première à la dernière
séance, pour exécuter son « arrangement » ou sa
« symphonie » : tons de chair, blanc et rouge
indien, ou rouge de Venise, broyés ensemble;

tons sombres pour les vêtements ; puis un gros tas de couleurs pour le fond ; et les dérivés de ce ton pour la demi-teinte : et tous des « provisions » telles qu'un peintre en bâtiment en réserve dans ses seaux, afin de « coucher » de vastes surfaces unies et sans taches. Whistler, avec un couteau à palette souple, pétrit cette pâte mélangée dans de subtiles proportions ; il la délaye dans le pétrole avec des brosses rondes à longs manches.

Sur la cheminée du studio, un chapelet de cartes d'invitations à dîner, soirées, réceptions mondaines, nous rappellent que nous sommes chez un « lion » de la saison. Et le petit homme s'agite, parle fort, avec des crescendo de « oh ! oh ! » et un accent américain de parodie ; rajustant sans cesse son monocle à ruban de moire, de sa belle main fine et nerveuse de prestidigitateur, il semble prêt à châtier le critique imbécile ou le milliardaire qui hésite à sortir des dollars de sa poche.

S'il consent à montrer quelque chose, c'est après d'interminables préliminaires et non sans s'être fait prier comme un virtuose. Enfin, la représentation commence. Le chevalet est placé en bonne lumière ; Whistler, en sifflant, fouille dans les casiers d'un meuble à secret : lente recherche qui exaspère notre impatience. Enfin, deux index aux ongles de mandarin tendent en avant un minuscule panneau de bois ou de carton, le déposent sur le chevalet, le fixent en tremblant derrière la glace d'un cadre. Deux souliers à talons intérieurs vont et viennent, des cheveux bouclés s'agitent, une bouche rit, d'où sort un « oh! oh! » perçant ; le visiteur sursaute, et Whistler le frappe sur l'épaule en lui demandant, en lui ordonnant, plutôt, une approbation enthousiaste : « Pretty ? »

Et c'est un petit nuage gris dans une bordure d'or mat : une « note », un « arrangement », une « harmonie », un « scherzo » ou un « nocturne » que tu devras admirer sous peine d'être tenu pour un philistin ! Sinon... prends le chemin de la porte, malheureux ! et ne reviens plus à Tite Street !

Une autre année, Boldini nous conduit, Helleu et moi, chez Whistler. Arrivés bien avant l'heure du thé auquel il nous convie tous les trois, nous avons l'indiscrétion d'insister pour qu'il retourne et nous montre toutes les toiles dont on aperçoit les hauts châssis étroits, empilés à l'ombre d'un paravent; et ces études légères que renferme le mystérieux meuble à tiroirs. Whistler, en bonne disposition, et que nous avons mis en confiance, se décide « à tout sortir », de ce qu'un artiste garde pour lui et livre après sa mort au jugement de la postérité. J'ai peur que, de ces esquisses délicieuses qui passèrent trop rapidement devant nous ce jour-là, la plupart ne soient détruites, ou qu'elles n'aient été reprises, gâchées, définitivement abandonnées.

Cette visite nous fit comprendre les procédés de l'artiste qui nous confessait involontairement ses joies et ses tristesses, ses réussites et ses échecs. Nous le surprenions dans l'intimité, épreuve à laquelle un homme très fort, que Whistler n'était point, peut seul se soumettre sans péril. Mes compagnons et moi aurions voulu à certains moments arrêter l'imprudent qui en livrant trop de secrets, nous enlèverait aussi quelques illusions.

D'abord la revue de toute la série des grands portraits : Whistler qui n'en a pas *achevé* plus d'une dizaine pendant sa vie, en commençait sans cesse de nouveaux. La première séance était une recherche de l'harmonie, de la composition, et un effleurement, une caresse de la toile où la figure se dessine à peine dans un leger brouillard. A la seconde, il précisait les formes du person-

nage tou   ·n répandant une deuxième couche de
peinture mince et fluide, qui nourrissait la première sans l'alourdir. L'œuvre était, dès lors,
achevée en tant que *tableau* : l'artiste y avait
mis le meilleur de lui-même. Un scrupule l'empêchait de livrer, tel quel, le portrait qui eût
été sauvé ainsi. Mais Whistler le gardait en vue
d'améliorations que la centième séance apporte-
rait peut-être. Le plus souvent, il le gâtait ou
l'effaçait. Nous eûmes la bonne fortune de voir
quelques-uns des plus beaux. C'étaient *Connie
Gilchrist*, la danseuse de music-hall, « arrangement en jaune et or » ; *Lady Archibald Campbell* ;
Henry Irving, dans le rôle de « Philippe d'Espagne », les jambes du maillot blanc coulées dans
l'huile, à la façon de Vélasquez; *Mrs. Forster*,
arrangement en noir; *Maud*, « en noir et rouge » ;
un acteur en costume d'Incroyable, harmonie
opaline de gris et de roses; certains portraits de
la série des « arrangements en noir et en brun »,
comme la *Rosa Corder*, *Mrs. Cassatt*, *les Leyland*,
Mrs. Waldo Story.

Il y en avait aussi de très sommaires et de
moins heureux. Whistler, entraîné et s'amusant
de notre surprise, nous fit déguster la bonne
comme la mauvaise cuvée et, après des « har-

monies » dans les tons les plus précieux, en apparaissaient de moins rares, jolies encore, mais un peu fades. C'étaient aussi des études d'après ces charmantes filles anglaises au pur galbe grec dont il entourait les formes graciles d'écharpes au coloris atténué (1).

Un autre chevalet était destiné à la série des esquisses où de petites créatures falottes, Mousmés-Bilitis, affectées et « hiératiques » (mot d'alors) agitent éventails et parasols sur un ciel de turquoises malades, le long de quelque grève marine; tandis que d'autres érigent leur joli petit corps à côté d'un grêle arbuste de paravent japonais.

De cette série ancienne, quelques grandes figures nues ou un peu drapées, charmantes par la sensualité de leurs formes pleines et mignonnes de femmes-enfants; Whistler les dessinait d'abord au crayon sur du papier d'emballage, ou, d'un pinceau plat, étroit, traînait sur la toile une pâte translucide comme l'émail. Ces sortes de frises, où des théories de petites promeneuses voilent leur nudité de draperies malicieuses, font

---

(1) A l'École des Beaux-Arts, il n'y avait que de sommaires esquisses pour ces toiles. Les lacunes étaient telles, qu'on aurait mieux fait de s'abstenir d'un hommage à Whistler, qui ne fut jamais traité avec plus de dédain que dans cette exposition posthume, organisée en France pour réparer une injustice.

penser aux dessins hebdomadaires que Grévin
donna au *Journal amusant*, et à ses projets de costumes aguicheurs. Whistler raffolait de ces pim-
pants croquis, et je me le rapelle, débarquant à
Boulogne, qui se dirige vers la marchande de
journaux à la recherche du « Grévin » de la
semaine et m'assurant que « c'est de l'art le plus
exquis! » Son ancien camarade, P.-V. Galland,
un des artistes français dont il appréciait le
dessin et le goût élégants, était un des rares
contemporains qu'il citât volontiers avec Grévin.
Tintoret, Vélasquez, Canaletto, les statuettes de
Tanagra, les estampes japonaises, Grévin et
Galland : singulière association !

En flânant au British Museum avec son confrère
Albert Moore, Whistler avait été frappé par
l'analogie que présentent certains marbres grecs
et le type anglais : beauté qu'on chercherait en
vain dans la Grèce d'aujourd'hui, et dont-il
s'inspira comme Leighton, Alma-Tadéma, pour
ne citer que les plus célèbres champions de
l'académisme gréco-britannique, ses ennemis,
et ceux-là mêmes qu'il bafouait le plus.

Dans ses études antiques, aux précieuses figu-
rines légères comme du verre de Venise, Whistler
s'essayait à la décoration, art pour lequel il se

disait fait; mais il n'eut pas assez de courage
ou de force, pour s'attester décorateur dans une
grande œuvre dont il parla longtemps, qu'il prépara, mais n'exécuta point : la bibliothèque de
la ville de Boston fut ainsi privée d'un panneau
qu'esquissa Whistler, qu'on eût aimé voir auprès
de ceux de Puvis de Chavannes et de Sargent.
Le projet en était admirable.

Mais revenons à l'atelier de Tite Street et à
notre visite de 1884.

Sur un troisième chevalet, un cadre encore
plus petit attendait des « notes » de ciel et de
mer; paysages urbains, ruelles et pauvres boutiques de Chelsea, cours dieppoises, animées de
bambins croqués au hasard de ses promenades.
Il ne sortait jamais sans une « boîte à pouce »
toute prête pour fixer, en une arabesque ornementale, le rapprochement de quelques tons
fugitifs. Il collectionnait, étiquetait ces plan-
chettes dont il demandait un prix extravagant et
qui s'entassaient dans des caisses, faute d'amateurs assez clairvoyants ou assez riches pour se
les offrir.

Dans l'exercice quotidien de la notation,
comme musicale, d'un nuage, de l'écume d'une
vague, d'un reflet dans une vitre d'échope, il attei-

gnait la perfection de sa technique. Sa science et
ses moyens étaient en une juste relation avec la
taille de ces œuvrettes où il fut sans rival.
D'ailleurs, il insistait sur ces « notes « et ces
« nocturnes », et devant le chevalet, nous étions
prêts à partager sa préférence, car la plupart des
grands portraits étaient des promesses, plutôt
qu'un accomplissement. Pour se donner le change
à lui-même, il reprochait au modèle un manque
d'assiduité et aux circonstances de l'avoir arrêté
en route. Sans facilité, son travail était lent, il
se trouvait souvent gêné, fallût-il reprendre une
figure en plein, de haut en bas, dans la séance.
Or, il n'admettait que le portrait *en pied;* ou la
tête, seule.

Cinq ou six fois et à de longs intervalles, il
avait signé de son orgueilleux papillon-mono-
gramme de grandes toiles totalement réalisées ;
mais chaque jour il livrait un assaut où son
doigté était plus sûr.

Whistler n'était pas un dessinateur très savant.
Il lui manquait cette aisance dans la construction
du corps humain, qui, à un Rembrandt ou même
à un Hals, permet de se jouer des difficultés et
de mettre même dans un groupe nombreux de
figures et sans se fatiguer en cours d'exécution,

le brillant des dernières touches, l'épiderme. Ses réussites heureuses dépendaient du hasard qu'implique le manque d'obéissance de la main au cerveau. De plus, son système de minces et légères couches superposées, l'une à chaque séance recouvrant la précédente, comporte des transformations de hasard, heureuses ou déplorables. Le modèle se décourageait parfois, le peintre aussi ; on remettait à plus tard la suite du travail, et je sais telle jeune fille qui eut le temps de se marier, d'avoir cinq enfants en Amérique et de revenir dix ans après à l'atelier de la rue Notre-Dame des-Champs, pour y voir achever péniblement par un vieillard un portrait commencé à Tite Street.

Quand il est au-dessous de lui-même, il l'est comme un « amateur distingué ». Voyez la princesse de la porcelaine (autrefois dans le Peacock room, chez Mr Leyland) : banalité de la tête, habile et faible, mal bâtie ; mauvaise qualité du dessin, superficiel et banal. Voyez encore le Sarasate, le Duret ou le Montesquiou en coton...

Dans le portrait où Whistler se présente de face, la main en avant, certains critiques crurent voir des pièces d'or qu'elle soupèse, au lieu d'un mauvais modelé qui la déforme. On devine des irritations et des impatiences cruelles dans une lutte corps à corps avec le modèle, et son dépit de n'atteindre plus souvent à ce rendu qu'il obtint avec sa mère, par exemple, avec Carlyle, miss Alexander, lady Archibald Campbell, lady Meux, Maud ou Rosa Corder.

La chance, qui tient une si large place dans la création d'un chef-d'œuvre, Whistler la niait ou ne voulait pas l'admettre, alors que; c'était trop souvent du hasard qu'il était le jouet, pensions-nous dans l'atelier mélancolique et déjà envahi par le crépuscule, où le maître était debout, avec ses rides, la bouche pincée sous sa moustache de d'Artagnan, soucieux et interrogateur, quoi qu'il se donnât pour le plus impeccable, le plus savant, le plus *conscient* des peintres. S'il avait étonné, scandalisé, en des procès retentissants, couvert Ruskin de ridicule et nié tous ses contemporains, il n'avait point *l'autorité*. Chaque rare commande de millionnaire était prétexte à chicanes. Il aurait voulu, malgré son intransigeance, avoir *le succès*. Ses œuvres étaient pour nous, peintres de Paris, et pour ses élèves qu'il réduisait au rôle de simples compagnons de plaisir, mais qui du moins le comprenaient aussi.

Son monogramme, sa mèche blanche, la couleur de ses murs, ses « ten o'clock », son excentricité : voilà ce qui frappe le public anglais en 1885. Whistler voudrait gagner beaucoup d'argent, il en dépense sans compter. Non, comme on dit, qu'il soit agité de soucis pécuniaires; Whistler, homme aux forts et impérieux besoins, s'est toujours « offert tranquillement » ce qu'il désirait. Il n'hésite pas à choisir une pièce d'argenterie rare ou de vieux Chine « blue and white », quitte, l'intimidant par sa faconde, à renvoyer le marchand qui ose lui rappeler la réalité d'une échéance. Il donne des repas où la société la plus élégante, autour du bol au poisson rouge, s'esclaffe dès qu'il parle. Pour ses convives, il est « Jimmy » et Jimmy veut être encore un dandy à la d'Aurevilly, et qui fait le jeune. Il a franchi la soixantaine.

Une soirée passée avec lui au Café Royal ou dans le monde, laissait une impression douloureuse. Ce diable d'homme, bruyant en public, hâbleur, vaniteux enfantinement, voulait donner le change sur lui-même. Son art étant nié, il profitait au moins de ses avantages de causeur paradoxal et accentuait ses bizarreries pour retenir l'attention du public. L'effet qu'il s'irrita parfois de ne pas produire dans la société parisienne, était toujours sûr à Londres. Son succès comme conférencier, plaideur ou essayiste, remplissait les journaux, étendait sa popularité, le « lionisait ».

Il donna à ses confrères le conseil — cela devint une mode — de répondre aux articles des critiques par des lettres ouvertes, et même d'intenter procès à ceux qui les avaient sévèrement jugés. Whistler, d'esprit combatif, plein d'ironie, aussi habile à s'exprimer par la plume que par la parole, poursuivait sans répit ses ennemis, c'est-à-dire les journalistes, les amateurs, la « society ». Il écrivait beaucoup, d'une écriture fine, charmante, ornementale qui, du moindre billet aux savantes réserves de blanc, sur un papier spécial, faisait un objet d'art. Son aspect extérieur autant que le décor de sa maison, ses opuscules imprimés, ses lettres : tout portait un cachet individuel, faisait partie de son esthétique. Son extrême raffinement était trop ostensible, et l'on était peiné qu'il prît à tâche de se masquer sous des dehors un peu charlatanesques, devant la foule grossière et naïve qu'il intriguait du moins, puisque sa peinture ne pouvait la conquérir. L'excentricité qui chez nous lasse, a pour les Anglais un prestige éternel.

ll s'entourait volontiers de jeunes gens. A Walter Sickert qui l'interrogeait sur les grands hommes de son temps, les Carlyle, les Disraeli, et s'étonnait des médiocres inconnus qui encombraient maintenant l'atelier de Tite Street : « Je préfère les jeunes fous aux vieux imbéciles », répondit-il. En vérité, il n'avait aucune curiosité en dehors de son art et de la culture de sa personnalité, ne lisait pas, riait de toute peinture moderne, sauf de la sienne. Dès qu'il avait accompli sa tâche journalière, il ne pouvait demeurer seul, et ayant gardé tard le besoin de sortir, de s'afficher dans les lieux publics, il lui plaisait qu'un cortège tapageur de disciples l'accompagnât par la ville. Le soir en habit, mais sans cravate, soigneusement coiffé et sa mèche blanche en point d'interrogation sur le front, il se répandait dans Londres, dînait excellemment et faisait des mots cruels, qu'on colportait ensuite.

Comment celui qui avait une si noble conception de sa mission artistique et qui fût mort de faim plutôt que de céder et de se mentir à lui-même, ne s'acquittait-il pas autrement de son rôle de chef d'école? Car il en était un ! Ses disciples, pour qui ses principes si vrais et si raisonnés étaient attendus et suivis avec conviction, pourquoi les traitait-il en « reporters » chargés de répandre au loin ses épigrammes ? De l'esprit, des mots pour les autres ; pour lui, des règles sur lesquelles il fut intransigeant.

A le voir parader en dehors de l'atelier, on l'eût pris pour un émule en dandysme d'**Oscar** **Wilde**, qu'il méprisait pourtant et dont il ne cessait de faire remarquer la « vulgarité, l'inintelligence esthétique et l'insincérité ».

Les manifestations, je dirais sportives, du whistlérisme d'alors, il en était très fier et s'en amusait comme d'une bravade de grand peintre incompris, égaré parmi de demi-professionnels. Avec les ratés et les mondains tapageurs de sa bande, il se grisait, redressait sa taille de major de cavalerie. Mais si, rentrant tard de leurs balades nocturnes, ceux-ci passaient chez le maître, ils le retrouvaient penché, dès l'aurore, sur une plaque de cuivre, ou campé devant sa toile. Le « lion » d'hier soir était redevenu un vieillard à grosses lunettes, courbé sur son ouvrage, fervent devant la nature, l'artiste nourri dans les musées, passionné pour la pureté de la matière. Il voulait que petit ou grand, son ouvrage fût à toutes ses phases digne de lui ; beau dès la première séance, parfait « dans tous ses états » ; que le dessin fût d'une subtilité nerveuse, les « valeurs » exactes ; il défendait à ses élèves de donner un coup de pinceau en l'absence du modèle. La probité de ses intentions était magnifique, ce « barbouilleur » fut un des derniers à se préoccuper des conditions matérielles sans lesquelles la peinture à l'huile « *se plombe* » vite et n'a pas de durée. Il avait retrouvé la transparence des maîtres — avec une technique nouvelle et sans ces dessous en monochrome qui exigent que l'artiste peigne d'après des dessins, et non pas d'après nature.

Dans une exposition d'ensemble, on remarque des techniques très différentes, à ses débuts et dans sa maturité. Avant 1860, Whistler, pour fuir l'autorité de ses parents qui le destinent à être un ingénieur, quitte l'Amérique, vient à Paris quand l'école réaliste est dans son plein épanouissement ; il reçoit la bonne leçon de Courbet, puis va se fixer à Londres au moment où le préraphaélitisme, avec Ruskin, ranime les passions. C'est ainsi qu'il put suivre ces deux batailles de la seconde moitié du XIXe siècle. Ces deux mouvements, comme tout renouveau d'art, répondirent à un besoin de sincérité, d'interprétation plus fidèle de la nature. Ce souci, tous les révolutionnaires du XIXe siècle l'ont eu,

David comme Manet, Holman Hunt comme
Courbet. On pourrait dire que tous les novateurs,
depuis Cimabue, ont cru se soumettre à « la
Nature ».

Dans les écrits théoriques et les conversations
du « Preraphaelite Brotherhood » (confrérie), il
n'est question que d'étudier la vie en ses
moindres effets, tous dignes du pinceau ou du
crayon de l'artiste. Le préraphaélitisme que devaient prêcher des hommes plus littérateurs, plus
poètes que peintres, fut un acte d'adoration devant
« la Nature ». Remontons aux candides primitifs,
oublions les conventions, dessinons comme un
enfant les êtres et les objets. La plante, le brin
d'herbe, l'insecte, les plus humbles choses seront
rendues avec une tendresse naïve. Dans la figure
humaine, ce sera le caractère, l'attitude juste ; les
sujets de tableaux, si modestes soient-ils, seront
ennoblis par la conscience du bon ouvrier.

Des tempéraments très divers distinguaient
entre eux chacun des frères-apôtres. Le robuste
John Everett Millais n'était que par un hasard de
camaraderie enrôlé sous la bannière de Rossetti,
de Madox Brown et de Holman Hunt, avec lesquels
Whistler vécut dès son arrivée à Londres ; il fit
poser les mêmes modèles, se mêla à ce groupe,

le plus intéressant d'alors, mais il n'en fut pas mieux compris que par les « Academicians ». Pour une partie de son œuvre, l'histoire le rattachera pourtant à cette école de la « Queen's House » où Whistler fut reçu par Rossetti et se lia d'amitié avec le poète-peintre dont il subit une influence indéniable.

L'Américain ne devait plus guère quitter ce coin de Chelsea. La Tamise, qui coule déjà plus paisible dans cette ancienne banlieue de Londres, entre les quais ombragés de quinconces et construits de maisons du xviiie siècle à la brique violette, aux noires ferronneries, passait naguère sous des ponts de bois, communs dans les images d'Hokousaï. En sortant de la « Queen's House », où des assemblées d'esthètes et de belles femmes à la lourde chevelure, au long col gonflé, avaient célébré la « Blessed Damosel » et la Florence médiévale, Whistler entrevoyait dans la brume de l'aurore ses futurs « nocturnes » : les pilotis du Battersea bridge, une péniche sur le fleuve, une cheminée d'usine en deux tons atténués ; motifs pour de fantastiques « harmonies ». Était-il donc nécessaire d'aller chercher l'inspiration dans de vieux livres italiens ? Pourquoi tant de littérature, de pensées pour en faire un tableau ?

Whistler garda un souvenir affectueux du séduisant Dante Gabriel : mais leurs rapports n'avaient pas toujours été très paisibles. A propos d'un sonnet écrit par le poète pour une composition qu'il tardait à peindre, son terrible ami avait demandé : « Pourquoi faire le tableau ? Transcrivez le sonnet sur la toile, au lieu de le graver sur le cadre !... Cela suffira !... »

D'autre part, l'esprit de Ruskin dominait le cénacle et Ruskin n'avait aucune considération pour le Yankee. Dans le célèbre procès Whistler-Ruskin, le grand prosateur demande aux juges comment 5.000 guinées pouvaient être le prix d'une pochade faite en deux heures. Whistler réplique : « Je ne sais pas si j'ai mis deux heures ou une demi-heure à la faire ! Mon nocturne m'a peut-être pris dix minutes à peine ; mais il résume une vie d'observation. »

Sous les dehors d'une cordiale camaraderie, il y avait, entre ces hommes, simples habitudes de voisinage, avec quelques goûts en commun, mais au total inintelligence réciproque. C'est pourtant dans ce cercle si précieusement « littéraire », que Whistler développe ses qualités de bon peintre, l'enseignement qu'il rapporta de Montmartre.

A Paris, il avait fréquenté les ateliers où la riche

palette et la mâle technique étaient encore en honneur ; celui qui agit d'abord sur l'Américain fut l'énorme et sain Courbet. Dans la première manière de Whistler, l'emploi du couteau à palette précède celui du pinceau. Il est intéressant de voir dans la collection d'Edmund Davis Esq. « la Femme au piano », si forte dans sa lourdeur un peu maçonnée, à côté d'un tableautin presque aussi ancien, mais déjà fluide : des jeunes filles en robes blanches, à la Rosetti. Ces deux toiles révèlent le double apport de la France et de l'Angleterre dans la formation de Whistler, qui trouva, entre l'un et l'autre pays, le chemin de son propre domaine.

Les camarades français de Whistler étaient pour la plupart élèves de M. Lecocq de Boisbaudran.

Il est regrettable qu'on n'ait pas écrit une monographie de M. Lecocq, professeur modeste, mais d'une rare intelligence. Fantin racontait les promenades de tout l'atelier à la campagne. Quelqu'un jetait dans un champ une loque blanche, afin d'en étudier les valeurs, variables selon l'incidence de la lumière, et le maître tirait de ces expériences, au bénéfice de ses élèves, des exemples qui les aidaient à la compréhension de lois immuables.

Whistler parlait plus souvent de M. Lecocq que
de Gleyre ; d'ailleurs le véritable éducateur de
Whistler fut non pas un homme, mais un endroit :
Londres, le point du monde le plus pittoresque
pour ceux qui savent regarder. Whistler, le premier, en découvrit les mille merveilles, les effets
changeants d'une atmosphère prismatique et dia-
prée ; les lignes de l'architecture massive et très
sobre, majestueuse même en ses constructions modernes où la brique et le fer s'offrent nus, sans
ces mesquins festons dont nous croyons devoir
charger nos façades. Whistler, quoique profes-
sant de la détester, ne se plaisait qu'à Londres.
Il eut une tendresse pour ses femmes à la
chair de fruit, coiffées de cheveux plus ambrés
que ceux des Vénitiennes et des Sévillannes,
belles comme des statues grecques. La marmaille
des rues, si drôlement costumée d'étoffes aux
tons crus, éclatant dans la brume humide qui les
exalte ; les pauvres devantures de boutiques pein-
turlurées, furent les thèmes de merveilleuses
« variations » et Whistler trouva réunies au
bord de la Tamise une Venise, une Hollande et
toutes les parties du monde.

Son art m'est plus cher et plus compréhensible peut-être que pour un à qui répugne la

saveur britannique, amère et sucrée comme le
gingembre; Whistler eut une prédilection pour
des aspects urbains que je garde au fond de ma
mémoire depuis les heures de ravissement que
je passai à Londres, comme enfant, puis comme
homme, sans jamais me lasser d'admirer.

*\
* *

C'est à Cheyne Walk que Whistler accomplit
son œuvre d'élection : « Le portrait de la mère de
l'artiste. »

Si vous voyez ce portrait de vieille femme, votre
admiration pour Whistler ira d'emblée là où le
peintre et l'homme se surpassèrent. Ce profil fin,
sous les bandeaux d'acier, le petit bonnet d'impal-
pable dentelle, avec ses brides rigides qui tombent
sur une plate poitrine de vieille femme déjà
prête pour le suaire ; l'atmosphère glacée de la
chambre austère, à la tenture de deuil, aux spar-
teries nettes ; la chaise anguleuse, et ce tabouret
sans capitons où s'appuient les deux pieds collés
l'un à l'autre, comme ceux d'une figure tombale ;
et ces traits délicieusement aristocratiques, ce
nez si joli, cette bouche tremblante, ce regard
lointain, terni, mais si vivant, cet œil relevé dans
un visage déjà presque d'une morte, et retombant

sur le col qui fléchit... On a dit que l'image de sa mère est pour un artiste une occasion sans seconde de se surpasser lui-même. A l'habituelle émotion de Whistler s'ajoutent la tendresse filiale et le pathétique des heures qui précèdent la déchirante séparation. Ce portrait est un grand paysage d'âme, un « nocturne » humain.

A côté de ce chef-d'œuvre, je placerais le Thomas Carlyle. Une très belle peinture, mais inférieure cependant au « portrait de la mère de l'artiste ». La donnée était à peu près la même : une figure de profil sur un fond uni, la même chaise, la même natte sur le plancher. La ligne de cette redingote marron, bouffante sur le devant, conduit à la tête du grand vieillard, inclinée elle aussi, comme lasse de penser. L'œil doux, triste et inquiet, s'écarte du spectateur. Ce portrait est beau, mais on y sent l'effort, la matière y est alourdie, dans le visage surtout qui fut peint et repeint jusqu'à la fatigue. Le modelé, non sans quelque ressemblance avec celui de Courbet, s'est amolli dans les reprises, il est trop empâté pour la main de Whistler qui, comme Titien et parfois Vélasquez, ne garde tous ses moyens qu'autant que la trame de la toile reste visible, invitant le pinceau à jouer avec elle.

Dès que les trous « se bouchent », les gris
cessent de tinter comme de l'argent, le métal perd
sa résonnance. Dans un éclairage de côté, les
reprises rendent vite la couleur cotonneuse. C'est
peut-être pour pallier cet inconvénient et parce
qu'il éprouvait une gêne dans les modelés à relief,
que Whistler cessa soudain d'éclairer le modèle
autrement que de face, et en plein. Un objet
placé dans l'axe de la fenêtre n'a plus ni son
volume ni son relief, puisque les saillies, mar-
quées par l'ombre et les lumières, donnent seules
la sensation de l'épaisseur. Comme les valeurs de
cet objet sont à peu près égales à celles du fond,
l'image est plate comme une feuille de papier.
De plus, chez Whistler, le clair et les luisants
sont atténués par la distance qui sépare le modèle de la fenêtre.

Il chercha beaucoup la position que doit occuper
une figure dans une chambre, en vue d'un bel
effet tranquille et uniforme ; il dénonça l'éclairage conventionnel qui projette les personnages
en avant du cadre, leur prête une apparence de ronde bosse et en fait un « trompe-
l'œil ». Le tableau qui rappelle le panorama et
amène le modèle au premier plan, choquait
Whistler comme une « concurrence déloyale à la

réalité ». Il avait un geste de la main, comme
pour repousser ce que la plupart des peintres,
même Rembrandt, attirent en avant. Le relief ne
lui semblait « pas digne de la peinture, ni com-
patible avec ses moyens ». Il était très occupé du
fond, dans ses portraits : la qualité du fond fait
le tableau, comme « tache », et harmoniquement.
Holbein et les primitifs remplissent leurs fonds
par des objets, des paysages qui ne nuisent pas au
contour de la tête, quoique les détails en soient
aussi visibles que ceux de la bouche et des yeux.
Les Vénitiens, Vélasquez, les Flamands, employè-
rent tour à tour le fond uni, la draperie d'un
rideau, les ciels de convention, des morceaux
d'architecture. Les Anglais du dix-huitième siècle,
obéissant au goût pompeux de leurs clients, presque
toujours les placèrent dans des parcs ou sous
le portique d'un château. Il importe peu que le
fond soit uni ou compliqué, s'il s'équilibre avec
le sujet. M. Degas a dit avec ironie de telle dame
se présentant très parée, comme sous un projec-
teur électrique, devant un noir frottis à la Bon-
nat : « Elle pose devant l'infini et l'éternité ! »
boutade qui n'a plus de sens si cet infini est « un
ton juste ».

Si le modèle est intéressant par lui-même, laissons-lui tout son intérêt individuel, sans l'adjuvant des meubles, des accessoires de son intérieur. Un mur gris peut être d'une grande éloquence, selon la façon dont la lumière s'y glisse ; ou veule ou muet, comme si souvent dans tels portraits mesquins de Fantin-Latour. L'important, c'est que le peintre trouve, tôt ou tard, ce qui convient à son procédé. Le fond lui est en quelque sorte imposé par sa façon de peindre, une figure ne pouvant être reprise dans une séance, sans que le fond le soit aussi. Les portraitistes rapides et très féconds, comme Van Dyck et les Anglais, se firent une formule de paysages ou de draperies, qui se prêtent à des orchestrations variées, selon le ton du costume et des chairs, faciles à établir en l'absence du modèle.

Une occasion donna une nouvelle direction à Whistler. C'était dans sa première maison de Cheyne Row. Miss Rosa Corder, toute de brun vêtue, passe devant une porte de l'appartement, qui se trouve être noire. Whistler admire la simplicité des grands plans bien distincts, quoique atténués, de la silhouette. Il se met à l'ouvrage, et bientôt surgit ce merveilleux portrait, « arrangement en brun et noir », exemple accompli de sa manière définitive. J'insiste sur ce fait, qu'il

« se trouva », comme l'on dit aujourd'hui, par hasard, mais qu'il ne chercha point à se singulariser par une étrangeté de vision arbitraire. On peut toujours *préparer* la nature avant de la *copier*.

Son exécution ne changea plus guère. J'en désignerais les éléments dans certain portrait d'un amiral par Vélasquez au musée de Madrid. Parfaite justesse, solidité sans empâtements. On confond souvent « solidité » avec épaisseur de la matière. Les Allemands modernes, par exemple, et les plus mauvais parmi nous, crurent qu'une forte technique doit être brutale, martelée et lourde, et traiteront de veule, de superficielle la peinture transparente et fluide qui laisse visible le grain de la toile. Pourtant, ce n'est pas l'épaisseur qui donne la solidité, et les fines coulées de térébenthine d'un Whistler sont plus consistantes que la matière rugueuse de certains Van Gogh. Il n'y a, comme dit Corot, que « la forme et les valeurs ». C'est pour ne plus s'occuper que du *ton*, abstraction faite des valeurs, que les impressionnistes firent de plus en plus « de la peinture creuse », en ne se souciant plus de la *matière* (1). Whistler pensait qu'un objet

---

(1) (Claude Monet, Sisley depuis 1880, et même Pissaro.)

d'art, peinture, pastel, gravure, dessin, doit être un objet précieux, dans sa matière et son exécution.

Il me semble que je parle d'un ancêtre !

La lutte engagée depuis dix ans entre les défenseurs de la peinture soi-disant claire et la peinture prétendue noire, ajoute à l'œuvre de Whistler un sens historique. Dans le cyclone des théories, la question risquait de s'égarer ou de ne pas être tranchée du tout. Est-il d'ailleurs bien utile qu'elle le soit ? Selon Whistler, l'impressionnisme était « la négation de la lumière »

Nier le noir est aussi puéril que nier le bleu et le mauve ; dire de Whistler qu'il eut une mauvaise action sur son temps, serait comme d'accabler Claude Monet ou Cézanne d'un pareil reproche. Pourquoi ce qui n'est pas « fleur » serait-il donc « suie » ?

L'exposition de Whistler, dont nous allons avoir le régal, servira de prétexte à des controverses professionnelles, embarrassera certaines « consciences inquiètes ». Un mois après la fermeture des Indépendants, il faudra analyser un autre « Indépendant », qui propose, à côté des partisans du « *ton entier* », un impressionnisme dans le *clair-obscur*.

Qui eût prévu que Cézanne et Whistler seraient, au xxe siècle, des chefs de file ?

Whistler aurait pu être un guide comme Corot en fut un pour Pissarro, Monet, Sisley, Manet même. Corot ne cessa de prêcher l'étude des « valeurs », c'est-à-dire l'exacte proportion des tons, les uns relativement aux autres, comparés au blanc pur qui est, sur la palette, l'extrême lumière, et au noir qui en est le contraire. Whistler posséda la logique, le « goût », la distinction. Ne confondons pas ce mot si discrédité avec fadeur, mièvrerie, affectation académique ou mondaine. La « distinction » whistlérienne allait, hélas ! séduire des demoiselles « distinguées » et surtout sévir dans une sorte de renouveau du style décoratif qui, d'ailleurs, débarrassa nos habitations de détails inutiles et du genre Morris, odieux succédané du « moyenâgeux ». Avec quelques pots de couleurs bien choisies, on apprit à faire du plus ordinaire appartement, un intérieur décent. Ce goût, tout japonais, reposait un public las des formules néo-gothiques de ce William Morris, qu'avait inspiré Rossetti. Mais à part Walter Sickert, aucun peintre véritable ne comprit ce qu'avait accompli Whistler en réduisant la palette à ses éléments primaires, la débarrassant des laques, des mauvais verts, des chromes et des cadmiums, pour la charger de solides et immuables terres qui, mélangées, lui donnent tout ce qu'il requiert, grâce à une transposition nullement plus arbitraire que celle de Claude Monet. Les « tons préparés » et le noir reçevaient de nouvelles lettres de créance, à l'heure même où l'impressionnisme français n'employait, en tons purs, que les couleurs de l'arc-en-ciel (1).

Deux expositions récentes, à Londres, nous ont permis de comparer entre elles un grand nombre de toiles faites avec l'une et l'autre palette. A la New Gallery, la Société Internationale fondée par Whistler et que préside aujourd'hui M. Rodin, rendait un hommage solennel à son fondateur, tandis qu'un marchand parisien avait déballé dans la *Grafton Gallery* les réserves de son magasin.

Il s'agissait d'établir de l'autre côté du détroit un débouché pour le syndicat qui veut conquérir le vieux et le nouveau monde. La tentative fut bonne, elle eût été meilleure encore si le choix eût été plus judicieux ; « cette chasse au noir »,

---

(1) Walter Sickert devait, vingt ans après, fonder une école à lui, sur le whistlérisme et l'impressionnisme français (avril 1918).

comme disait Sickert, fut mal conduite. Manet, noir et blanc, comme le Greco, triompha; mais M. Degas, l'incomparable dessinateur, n'avait que faire dans un ensemble de paysages de Monet, de Sisley et de sous-impressionnistes, souvent jolis, mais dont la couleur uniformément grise, terne et déjà plombée, nous lassait vite. Quelle erreur, cette collection de petites études toutes pareilles, pàlottes et *sans lumière*, où les effets de soleil, les ciels bleus tendres de l'Ile-de-France, comme les ciels d'orage, offraient l'aspect défraîchi et rance qu'a déjà prise la salle Caillebotte! Le défaut de composition, le manque de choix, le hasard de la mise en page et plus que tout la *monotonie* de ces coins quelconques de banlieue au printemps ou sous le givre, finissaient par irriter. Au contraire, Renoir s'affirmait avec sa fameuse « loge », si riche des plus somptueux noirs, de bruns et de rouges que Delacroix n'eût pas reniés. C'étaient aussi des natures mortes, macérées et saumâtres de Cézanne, d'une lourdeur de marbre, émaillées comme de vieilles céramiques; mais on subissait une nouvelle série de paysages tout fleuris des bords de la Seine ou de la Marne. Cette prétendue « peinture gaie » était morne; la claire

chanson promise ne s'élevait pas. Somme toute,
point de « joie de vivre », point de « fenêtre
ouverte », rien de strident, car la patine du
temps a déjà fondu et recouvert d'une poussière
tenace cette peinture claire qui devait le défier.
Si l'on n'avait pas, à la *Grafton Gallery*, la sensation
de lumière, c'est que la puissance lumineuse
d'une toile ne vient pas des tons choisis pour
la peindre, mais des *oppositions* de clair et de
sombre d'où tous les maîtres, depuis les Vénitiens jusqu'à Manet en passant par Rembrandt,
Vélasquez, Watteau, Delacroix, Diaz et Courbet,
ont tiré leurs effets.

Il est inexplicable que l'on se soit imaginé
soudain que la lumière ne pût s'obtenir que
par des tons clairs. L'histoire de la peinture
prouve qu'il n'en est pas ainsi, et je ne crois
pas que la Saskia de Rembrandt le cède en rien,
pour l'éclat, à « l'*homme à la mentonnière* » de Van-
Gogh. J'ai sous mes yeux une matinée d'avril
sur les collines d'Argenteuil par Monet et qui
voisine avec d'anciens Corots d'Italie. Or, ce sont
les Corots qui restent jeunes, frais, lumineux.

Toute peinture, après vingt ans, baisse de ton.
Elle se soutient par la distribution des valeurs.
Un paysage de Gainsborough, un Canaletto, un

Manet de 1867 et fait avec les vieilles recettes, j'en
ai la preuve devant moi, ont plus de puissance
lumineuse qu'un Sisley. Les tons entiers, apposés
par taches pures, même chez Seurat et Signac,
passent, se ternissent; dès que leur puissance
colorante s'anéantit, le tableau meurt. *Le ton pur*
est aussi dangereux que le « bitume » tant
reproché aux peintres de 1830. Et Cézanne? me
dira-t-on. Celui-là est unique, la pureté de ses
tons et de sa touche, un prodige.

L'exposition Whistler à la New Gallery était
lumineuse par une autre pureté de touche. La délicieuse Miss Alexander, dès le seuil, recevait les
visiteurs avec sa grâce de petite princesse espagnole.
Je sache peu de toiles plus claires que celle-ci.
Les cheveux de l'enfant, fondus comme la croupe
des chevreuils de Courbet, les verts de jade et
les blancs laiteux de la jupe sont d'une matière
dont les pigments ne sauraient se désagréger, et
sa pâte unie est du cristal.

Quel repos, quelle sobriété, quel goût sûr!
Whistler sait ce que la nature permet à l'homme
de reproduire avec quelques poudres. « Vouloir
rivaliser avec le soleil est absurde », disait-il, et
il a écrit quelque part :

« Quand le vent souffle d'est et que le Palais de

Cristal étincelle, l'artiste ferme les yeux et rentre dans son atelier. »

Le premier devoir du paysagiste, c'est de choisir un motif dont il y ait un tableau à tirer. Whistler n'essaye pas de peindre ce qui est au-dessus du ton où son instrument est accordé.

S'il peignit des feux d'artifice, ce fut pour prouver la justesse de sa théorie. Pour ces seuls tableaux, d'ailleurs, Whistler usa de sa mémoire, regardant longuement; puis, fermant les paupières, il redisait à un élève chargé d'observer le même spectacle, les détails qui l'en avaient frappé, pour les enregistrer de force. Dans ses cinq ou six nocturnes — souvenirs de Cremorn-Gardens — Whitsler a illuminé la nuit.

*
* *

Whistler, dans les dernières années de sa vie, revient à Paris. Il avait épousé la veuve de l'architecte Godwin. Le couple s'établit 110, rue du Bac, dans un pavillon dont les fenêtres donnaient sur des jardins de couvents. L'ameublement et la décoration étaient les mêmes qu'à Londres, des murs peints en jaune, des porcelaines bleues et blanches de la Chine — et quelques sièges. L'artiste avait son atelier rue

Notre-Dame-des-Champs. Mallarmé lui amena la jeunesse littéraire, et ce fut un beau jour que celui où le poète lut sa traduction française du *Ten o'clock* dans le salon de Mme Eugène Manet (Berthe Morisot).

Je vis très peu Whistler à cette époque, car il était entre les mains d'entrepreneurs de gloire et devenu le favori des petites revues, transformé, travesti, dépaysé. Il reçut le ruban rouge de la Légion d'honneur. J'espère qu'il fut heureux. Mais ce n'est pas ainsi qu'il avait ambitionné de l'être, et les hommages officiels dont on le gratifia étaient bien lourds pour sa fine personne. En tout cas, ce bonheur ne dura pas longtemps.

Je l'aperçus pour la dernière fois, veuf lamentable, brisé, qui errait dans la rue de Paris, à Trouville, pendant la saison des courses. Je n'osai plus lui parler. Je l'avais beaucoup aimé et, j'ose croire, compris. Il ne s'en doutait pas.

MARS 1905.

Note : mai 1909. — Ces souvenirs, je les relis quatre ans après les avoir donnés à mon ami Brancovan pour la **Renaissance Latine,** *revue qu'il dirigeait alors. Une exposition de l'œuvre de Whistler* *a eu lieu depuis à l'École des Beaux-Arts. Elle n'a même pas eu les honneurs d'une discussion. Cette œuvre d'élégance, de distinction, de demi-teinte, fut malmenée par la critique « d'avant-garde » et laissa la jeunesse artiste indifférente. « Ce n'est que cela ? » dit-on un peu partout... C'est que déjà Gauguin était le dieu du jour et les toiles du peintre américain ne devaient pas passer en vente publique. M. Matisse préparait ses théories. On était prêt à le suivre. Carrière allait mourir et l'on n'osait pas encore le malmener. Quatre ans se sont écoulés. Whistler et Carrière appartiennent à des temps déjà lointains, « les morts vont vite. »*

Note de 1918 : *Une « note » de Whistler se vend 50.000 francs. Attendons-nous à une exhumation !*

CHARLES CONDER

Pour Mme Misia Godebska-Edwards.

Au coin de Cheyne Walk et de la rue qui débouche sur le vieux pont de Chelsea, une maison à balcons de treillage vert, coiffés de toits à la chinoise, se dissimule sous le lierre et les arbustes d'un jardinet. Là je veux me rappeler, vivant, affairé et endormi, l'artiste délicieux, l'ami parfait que nous venons de perdre.

En été, ce coin de la Tamise est inondé de soleil ; les fenêtres des demeures riveraines dominent une grande étendue de ce fleuve qui va, quelques mètres plus loin, devenir une rivière ; à Cheyne Walk, encore presque un bras de mer dont la rive est comme la « Marine Parade » de Brighton. Vers midi, en juin, par un temps chaud comme il y en a si souvent à Londres, arriver chez Conder, c'était une détente et un rafraîchissement. Le matin, je peignais le portrait de mon ami dans son « parloir » de cottage, alors que la mousseline des rideaux, gonflée par les courants d'air, se relevait sur le paysage whistlérien de cette banlieue londonienne hérissée de cheminées d'usines, de grues et de mâts.

Rouge mais amaigrie, les cheveux longs et se séparant en baguettes comme au sortir du tub, la tête de Conder se découpait en sombre sur les lambris jaunes que tachaient de noir quelques vieilles gravures en mezzo-tinte. Il était vêtu comme ces « Messieurs » qui dans les estampes de Boutet de Monvel et de Drésa, semblent prêts à jouer « Il ne faut jurer de rien ».

Ses doux yeux bleu sombre, au travers de la fumée de la cigarette, regardaient au loin comme dans un rêve, quelqu'un de ces sites coloniaux, indiens ou australiens, où se promenait sa nostalgie. Il imaginait là, de l'autre côté du pont de la Tamise, des palais enchantés, des bayadères, des fontaines et des esclaves noires dont il avait rapporté de son enfance passée au delà des océans, le souvenir et le regret, l'éternel désir.

Conder « posait » comme une statue, s'efforçant de me donner le moins de mal possible ; il

me racontait, de sa sourde et lasse voix, en mots
difficiles à percevoir, des faits sans importance,
de soi-disant *grossièretés* de ses camarades ; d'ima-
ginaires manques d'égard, des disputes de sociétés et de clubs artistiques ; puis il passait à la
description d'un meuble de laque aperçu chez un
bric-à-brac ; d'un nouveau dessin de « Chintz » ;
d'une toilette de femme ; de Mlle Adeline Genée,
la ballerine de « l'Empire » ; ou encore il me parlait de la « Fille aux yeux d'or », de Balzac, de
Guys, d'Anquetin, qu'il tenait pour son maître
et le maître de sa génération. La cendre couvrait
son pantalon de nankin, le tapis, toute la pièce :
il fumait soixante énormes cigarettes par jour.

A chaque repos, furtivement, il montait à son
atelier où il allait barbouiller et détruire,
en une seconde, quelque admirable esquisse, dès
sept heures du matin jetée sur la toile ; et redescendait tout tremblant, d'une agitation fiévreuse
qui le consumait, sentant qu'il ne lui restait
plus que peu de mois à vivre pour accomplir
tant de projets merveilleux que son imagination
formait pour lui-même et pour les autres. La
plupart des idées nouvelles que s'attribuent les
illustrateurs à la mode aujourd'hui, viennent de
Charles Conder.

A deux heures, le lunch était servi dans la salle à manger, fraîche sous ses voûtes de crypte : Il y faisait honneur en véritable ogre, toujours reprochant à Mrs. Conder qu'il n'y eût pas sur la table plus encore de bonnes choses. Walter Sickert ou George Moore entrait, qui contaient à notre hôte des anecdotes de notre jeunesse et de Paris, jusqu'à l'instant où, n'y résistant plus, Charles Conder s'élançait au deuxième étage et se remettait à peindre, à dessiner ou à effacer.

Ce printemps-là, j'avais pris un atelier à Londres. Pénibles heures de la « season » : dans la chaleur écrasante d'une vaste pièce sous le toit, des hommes et des femmes, mes trop inexacts modèles, amenaient des parents et des amis, prenaient le thé, critiquaient la ressemblance d'un portrait.

Dans un défilé de ces aimables importuns, Conder me dit un soir, en regardant le portrait d'une dame.

« — Comment ? Vous faites encore poser Mrs. X... ? » Et il nomme une personne aussi rose et blonde, que noire et jaune était mon modèle : je suis surpris, et alors le pauvre garçon s'excuse : « Je me trompe peut-être ? ne vous

étonnez pas, je ne sais plus toujours bien ce que
je dis !... »

C'étaient les prodromes de l'horrible démence
où il s'est débattu deux longues années.

*
* *

Où avais-je connu Charles Conder ? Il y a
très longtemps, à Paris, mais je l'y avais peu
vu, car il sortait surtout la nuit à Montmartre,
avec des camarades trop jeunes pour moi ; mais,
à Dieppe, nous nous liâmes, certain été que
Beardsley et son « set » y passèrent. Jusque-là,
Conder était resté, pour moi, un amateur qui
s'occupe de bibelots et qui a de bonnes adresses
d'antiquaires ; particularité : il était l'*élève d'Anquetin*. Pourtant, j'avais été frappé, au premier
jury auquel j'assistai comme membre de la Société
Nationale, par ses paysages décoratifs avec des
personnages modernes, à l'allure romantique et
balzacienne ; mais bientôt, je perdis la trace de
ce jeune Australien noctambule. Nul catalogue
d'exposition ne mentionnait plus son nom.
J'ignorais ce qu'il était devenu, et pourtant il
vivait en plein Paris.

Je fus bien surpris en retrouvant Conder chez
les Fritz Thaulow, hébergé par ces braves gens,

recueilli comme le serait un petit orphelin dans un asile. Il venait d'avoir une de ses crises d'alcoolisme, on le soignait en le mettant sous clé avec une bouteille de lait, des pinceaux et des couleurs.

Thaulow et Conder avaient dû se rencontrer dans la « maison de l'Art Nouveau » de Bing. Ce japonisant ayant commis l'imprudence de renoncer à l'Extrême-Orient, commanda des tableaux, des décorations d'ensemble, des tapis et des modèles de meubles, à des hommes tels que Maurice Denis, Besnard, Cottet, de Faure, Thaulow ou Conder. La tentative de Bing eut le sort réservé aux enfants trop intelligents : elle ne vécut pas. Il y eut pourtant à « l'Art Nouveau », rue de Provence, quelques réussites, et l'une des plus remarquables, mais assurément la moins remarquée, fut un boudoir en soie d'un blanc crémeux, que Charles Conder illustra de capricieuses aquarelles bordées de franges en perles ; le tout, d'un raffinement exquis de couleur : ingénieuse transposition dans une forme moderne, des bergeries, des galants décamérons poudrés du dix-huitième siècle. En des médaillons et des compartiments asymétriques, c'était Jeanne-d'Arc, Marie-Antoinette, Chinon, Trianon et Hampton-Court ; des satyres, des nymphes, Mimi-Pinson, Dame Peluche, Bajazet ; des sultanes, des bergères, des Faunes ; Carmen, Esmeralda et le Postillon de Lonjumeau !

La maison de « l'Art Moderne », à côté d'objets fort beaux de la Chine et du Japon, groupa les premiers produits des artisans et des architectes qui renouvelèrent le style de nos intérieurs : ce qu'on appellerait plus tard le « style munichois » mais ce qui fut, en somme, une importation anglaise d'objets, de tissus, de verre, de dinanderie encore inconnus à Paris. On entendait vendeuses et employés parler « art » avec un accent germanique. Je crois que le trop fameux gallophobe Meier Graef, avant de fonder, rue de la Paix, une autre maison de « Modern Style », avait été le collaborateur de Bing.

Telle quelle, l'entreprise de la rue de Provence eut de l'influence sur le rapprochement si fructueux des artistes et des ouvriers d'art. Le goût de Charles Conder était trop fin, trop délicat, pour s'imposer à des amateurs qui n'eussent pas donné place, chez eux, à un vieux bibelot français.

A propos de Conder, le nom de Watteau fut prononcé (Watteau, pourquoi Watteau ?), on cria

au pastiche ; et les délicats panneaux de soie furent
mis de côté comme un lot d'accessoires pour
cotillon. Achetés par Mme Thaulow, puis mis en
vente à la mort du paysagiste norvégien, je les
signalai maintes fois à d'inquiètes personnes qui
construisaient un hôtel : nul n'en a voulu, en
attendant que ces peintures charmantes passent un
jour sous le marteau du commissaire-priseur,
chez Christie, et soient couvertes de banknotes,
car la réputation de Conder, qui commence à
rayonner dans son pays, dépassera celle d'Aubrey
Beardsley. Les dessins de Beardsley, qu'on ne
peut déjà plus se procurer, à quelque prix que
ce soit, ne sont pas d'une qualité aussi rare que
les aquarelles de Conder, dont il subit si fort
l'influence ; Conder n'avait pas, d'Aubrey, la sûreté
de main et le fini qui plaît tant aux biblio-
philes, mais son art est bien plus naturel, plus
varié, plus riche. Beardsley ne fut qu'un illustrateur mais Conder était un vrai peintre.

L'œuvre de Conder est numériquement consi-
dérable : peintures à l'huile, peintures sur soie,
éventails (il y excella), pastels, sanguines, lithographies (illustrations pour un Balzac), châles,
robes peintes, meubles, décorations de chambres
entières (maison de Edmund Davis Esq., de

Mrs. Halford, etc.). Les cinq dernières années, mon ami travaillait jour et nuit, dans une sorte de rage, remplissait ses armoires de projets, de croquis d'une sensualité de malade ; d'où cette farandole où il entraîna Hogarth, Rowlandson, Beaumarchais, Mürger, Fragonard, Goya, Henri Monier, Longus, Ovide, Pierrot, Dunois, Shakespeare et Verlaine, comme en un bal d'enfants.

Ses éventails sont des chefs-d'œuvre d'invention et d'arrangement, dans une gamme tendre de pastel ; en camaïeu, ou coloriés comme des images à deux sous, sans « fignolage » de miniaturiste, avec des « à plat » qu'adoucit un trait spongieux du pinceau. A quoi les comparer ? Point certes aux éventails français du xviiie siècle. Conder fleurit, rompt, allège les festons et les astragales des frères Adam, ces artistes de génie classique qui s'inspirèrent du grec, comme les dessinateurs de la fabrique de Wedgwood. Ses figures maladroites et pimpantes sont d'un dessin impressionniste, sensible, capricieux comme celui de Constantin Guys, ou même de Goya.

La « déformation », donc la vision et l'écriture de Conder, aurait dû ravir les « critiques d'avant-garde », dont le pauvre garçon attendit en vain les suffrages, toujours surpris de n'avoir pas l'honneur d'un paragraphe de louanges dans le *Mercure de France* — car il était du « quartier latin »., et il se dépitait d'être exclu par le milieu « avancé » (advanced set) où il croyait avoir sa place. Son exposition, chez Durand-Ruel, il y a quatre ans, et pour le catalogue de laquelle il m'avait imprudemment demandé une préface, fut sa dernière tentative publique dans son « dear old Paris », et la cause de ses premiers troubles cérébraux. Cet échec le confondit. Ensuite, de son subit succès à Londres, il ne put jouir, car les applaudissements s'adressaient alors à un malade.

Étrange fut le destin de ce déraciné, tendre, toujours amoureux, bohème, et museur malgré son très excessif travail. Ses excentricités, comme pour Whistler, plaideront plus en sa faveur auprès des Anglais que n'aurait fait une existence normale. On voit déjà comment sa légende s'organisera à côté d'Aubrey Beardsley, d'Oscar Wild. Le peintre sera connu plus tard.

Jusqu'à son heureux mariage avec l'Américaine dévouée qui mit sa fortune à la disposition de Conder, celui-ci fut, tant à Paris qu'à Londres, une sorte de Verlaine, passant de l'état d'ébriété à un demi-sommeil lucide, ne travaillant jamais avec plus d'inspiration que sous l'empire de

l'alcool. Il serait douloureux de retracer ses pérégrinations dans les taudis des deux villes où
il connut la misère et l'abandon, lui qui attachait
tant de prix à tous les luxes, aux raretés
d'un joli intérieur et à l'élégance de ses habits.
Il était fait pour un siècle enrubanné, galant —
et je ne puis m'empêcher de le voir soupirer
une sérénade sous la fenêtre de sa belle, coiffé
du béret à la Watteau et la cape sur l'épaule.

Je viens d'assister, dans son quartier de Chelsea, à une de ces mascarades qu'il savait si bien
monter, et je pensais à lui pendant qu'un
orchestre d'instruments à vent accom pagnaitles
chants, les danses des Cydalises et des Corisandes.
La musique de Gabriel Fauré me parut plus
fiévreuse encore sous les guirlandes de fleurs,
parmi les jets d'eau et les bosquets qu'éclairait
la pleine lune de juin. Le ciel de minuit, toujours
si pur à Londres même après une journée brumeuse, dressait une coupole bleu sombre sur les
murs des « mews » et des maisons dont le jardin
est encadré. Quelques vieux camarades de Conder,
tandis que le flûtiste Fleury jouait en plein
air, nous nous tenions émus, dans un salon où
nous avaient attirés des éventails de notre ami,
que nous sentions présent, qui aurait dû être là

dans l'orchestre ou les chœurs, parmi ces Indiffé-
rents et ces Mignonnettes sortis de la Galerie Lacaze.

Les personnages de la Comédie italienne, de
Molière et de Balzac étaient tous un peu confondus dans le cerveau de l'Australien, qui mé-
langeait volontiers l'époque de Louis XIV et
celle d'Alfred de Musset ; et chez qui un joli
bric-à-brac de chaises à porteur, de berlines, de
coquillages, de miroirs chinois, de cabinets de
laque vénitien rococo, des gondoles, des portiques
de treillages, des rideaux de Quinze-seize « cha-
touillés par Zéphir », étaient autant d'accessoires
qui reviennent sans cesse dans ses compositions,
où le chapeau de Rastignac s'aplatit en tricorne, où
la souquenille du valet poudré a presque les
mêmes pans que la rheingrave de la Restauration.
Postillons au fouet claquant, facchini, soubrettes,
jeunes seigneurs courtisant une almée à la Coy-
pel, nègres au turban à plumes, fifres et tambours :
tous les invités au bal d'Esther, dans la Chaussée
d'Antin, sont les favoris de ce citoyen des Batignolles, de Dieppe et de Chelsea.

Conder ayant acheté une des anciennes maisons
de Cheyne Walk, il y entassa des objets italiens
si chers à Henri de Régnier, des tableaux et des
meubles dont il faisait un décor riant à son labeur et

à sa maladie. Certaines chambres de parade étaient, les soirs de réception, les aquarelles mêmes de Conder, réalisées et vivantes. Des couleurs acides réveillaient ces vieux lambris, ces chambres obscures qui, par les après-midi brumeuses de Londres, ne s'éclairent qu'aux lampes. Un salon bleu, tout miroitant de satins drapés et de glaces vénitiennes, était dédié à Watteau et à Whistler. Conder peignait dans toutes les pièces, la nuit comme le jour, sous des lustres à bougies.

L'apogée de la vie du pauvre Conder fut la redoute masquée qu'il donna pendant le carnaval de 1904. Cette fête avait pour thème la mise en action de « The Rape of the Lock » de Beardsley. Chacun de ses admirateurs s'y rendit dans un équipage qui plut au peintre, et le souper, au matin, réunit sous les guirlandes du plafond et les arcs de « trellis », les actrices à la mode, les littérateurs pour qui Conder était alors devenu un maître.

On était loin déjà des jours de lutte où il s'acquittait envers Thaulow d'une hospitalité « écossaise », en brossant sur le gros coutil des sièges et des portières, des compositions mythologiques et improvisait avec quelques pots de couleurs un décor somptueux et bon marché ; dans le

jardin de la villa, il dessinait des parterres,
accrochait aux arbres des grappes de lanternes en
papier, dont la lueur n'éclaira que les tristes
repas où Conder, après l'une de ses premières
attaques, misérable, s'attablait auprès d'Oscar
Wilde, furtif à sa sortie de prison et hésitant sur
l'attitude à prendre. Nous redoutions alors que Conder ne glissât comme le pauvre Lélian vers des
bas-fonds que dorait son génie naïf. La maladie
avait déjà miné son corps. La généreuse Mme Thaulow et l'enthousiaste Fritz étaient toujours prêts
à secourir, à protéger, à accueillir, à donner.
Wild, de Berneval-sur-Mer, venait clandestine-
ment se réchauffer à leur foyer, contant de
ses belles histoires symboliques dans un cercle
de petits enfants qui l'écoutaient bouche béante.
Conder suivait un régime sévère et, enfermé
dans la villa de Gaude-Côte, il reprit des forces.
Je me le rappelle un jour, agenouillé aux
pieds de son hôtesse, dans une attitude que je
ne m'expliquai pas au premier abord ; et la
dame le dominant de sa puissante stature, était
vêtue d'une étrange robe : Conder essayait sur
elle une jupe de sa façon, qu'il avait agrémentée
de médaillons, de figures, de rinceaux et dont
la finesse eût mieux convenu pour un dessus de

bonbonnière qu'à épouser les formes plantu-
reuses d'une Walkyrie.

Mon ami me parlait souvent de Miss X... qui,
croyait-il, était à Paris. J'avoue que j'écoutais
avec mélancolie les projets matrimoniaux du
malade. Pourtant, il devait rebondir encore une
fois, se marier et connaître, pour de trop courts
instants, mais en jouir pleinement aussi, la sécurité et une pleine liberté pour réaliser ses rêves
de peintre et de collectionneur.

Aubrey Beardsley, Charles Conder, Dowson,
Arthur Symons, ces protagonistes du *Yellow Book*
et du *Savoy*, sont aujourd'hui tous disparus,
après avoir, chacun dans son genre, accompli
des œuvres sœurs. Ils eurent tous une passion :
l'esprit français, et aussi notre langue que
Whistler leur apprit à aimer. Ils forment une
petite phalange indissolublement liée dans la
mémoire et la reconnaissance des quelques Français qui fréquentèrent l'Angleterre dans les dernières années du xixe siècle. En littérature, en
musique, en peinture, ce qu'il y eut de plus
significatif et de plus neuf chez nous trouva en
eux des cerveaux réceptifs et des voix enthousiastes
pour célébrer la France moderne et classique.

Si aucun de ceux-ci ne fut véritablement un

grand homme, ils auront eu de l'influence sur leurs contemporains. Il est remarquable que, depuis une trentaine d'années, ce soient de moindres artistes qui aient indiqué des directions, exercé une influence, et par un rayonnement assez nouveau de la pensée, qui fait qu'un peintre ou un sculpteur inspire des littérateurs; ou un écrivain, des peintres et des musiciens.

Charles Conder et Beardsley ont, comme Whistler avant eux, orienté une génération pour qui le goût exerça peut-être plus de prestige qu'il n'en aurait eu dans un âge de discipline et d'ordre. Les choses que ces artistes ont aimées, ou qui les ont divertis, sont celles dont j'ai vu faire ensuite le plus grand état par une foule incertaine et avide « du nouveau ».

Nous ne pouvons cependant rayer de l'histoire la période d'inquiétude, grave pour quelques-uns, mais de snobisme chez la plupart, où c'était un point d'avoir sur sa table le dernier livre; en sa demeure, l'étoffe ou le papier, les meubles « nouveaux » que les artistes conseillaient. On se souciait davantage de ne pas faillir, sans doute parce qu'il n'y avait ni principes, ni règles, ni style. *On cherchait un style,* comme s'il suffisait d'en désirer un, pour le trouver !

« L'homme de goût » n'a jamais eu une situation comparable à celle de quiconque semblait en avoir *un*. L'on crut que le goût s'enseignait comme l'esthétique. Point de vue très allemand.

Whistler, Charles Conder, Aubrey Beardsley, les artistes russes que M. de Diaghilew nous a fait connaître, resteront parmi ceux qui, dans la période d'avant 1914, ont modifié le *goût*.

J'ai tenu à montrer Charles Conder préparant les formules d'un style qu'exploitent et répandent aujourd'hui d'innombrables artistes-décorateurs pour lesquels mon ami reste un inconnu.

Je devais à la mémoire de cet initiateur, l'hommage de ces quelques lignes et j'inscris à dessein son nom avant celui de Beardsley, et afin de réparer une injustice.

Note de 1917 : On doit se méfier, en relisant ces notes qui datent déjà, de déprécier des ouvrages qui charmèrent nos heures de paix. Aujourd'hui nous risquons d'être injustes envers les « élégances de la vie », qui occupèrent nos loisirs.

AUBREY BEARDSLEY (1)

Préface à « Under the Hill ».

Il fut peut-être sage de ne traduire pas plus tôt l'œuvrette que voici. Avant que la gloire ne vînt à Aubrey Beardsley, il ne fallait pas offrir au grand public, et privée de ses grâces originales, l'esquisse qu'est *Sous la Colline*, et qui vaut par le style peut-être plus que par la pensée. Qu'est-ce que l'auteur a prétendu dire ? Qu'il reste pour moi l'artiste étrange, l'intelligence merveilleuse, l'enfant prodige que j'eus la joie de connaître pendant deux ans et qui m'a tant ébloui que je craindrais de le diminuer à mes propres yeux, en me livrant à l'analyse de mon plaisir !

Quelques-uns virent dans *Under the Hill* une

____

(1) J'aurais voulu faire, à nouveau, un portrait d'Aubrey Beardsley pour qu'il rentrât dans le cadre de ce volume ; mais le temps m'a fait défaut et je donne ici la préface, écrite en 1907, pour la traduction de *Under the Hill* que me demandèrent les éditeurs Arthur Herbert, Limited, de Bruges.

manière de paraphrase à la Laforgue de *Tannhäu-
ser*, spirituelle et légère, de ce caprice très britannique qui renouvelle les plus anciens sujets en
les assaisonnant d'un piment moderne, en les
dépaysant si l'on peut dire, ou mieux, en ne
les situant pas. Le petit abbé Fanfreluche et la
belle Hélène appartiennent à Beardsley, grand
lecteur de Voltaire, et au xviiie siècle français.
Beardsley, dessinateur, eut une technique presque parfaite; — écrivain, il aurait peut-être atteint
une égale perfection. Dans ce conte, il n'est
encore qu'un amateur plein de projets et de
recherches ambitieuses, mais un amateur à la
veille de passer maître ouvrier.

Prenons *Sous la Colline* pour un caprice sans
commencement ni fin, comme des phrases jetées
par un adolescent qui croit à la forme et la cisèle
sans autre souci que la beauté. J'en ai entendu
maintes, scandées par lui alors qu'il venait de
les griffonner sur une table de café, au Casino
de Dieppe. Il en riait, il en était heureux et fier,
tel un collégien d'une rime riche. Dans sa
prose, je retrouve son procédé précieux, des
trilles, des vocalises perlées comme les entrelacs
pointillés de ses dessins. Nulle signification profonde ne se cache sous ces mots qu'un délicat

enfile l'un après l'autre comme des paillettes multicolores sur de la soie; — plaisir des yeux; plaisir de musicien aussi, que les harmonies pures ou bizarres captivent.

Beardsley est un dilettante, un vrai produit de fin de siècle. Le caractère tourmenté et malsain de son art, qui attirait certain public, me repousserait si le hasard ne m'eût fait voir de près le petit malade. Sa grande intelligence étincelait comme ses yeux; il avait une charmante culture, un goût délicat et varié, beaucoup d'esprit.

Ce qui me touche avant tout chez Beardsley, écrivain, c'est son amour de la langue française, laquelle il ne parlait pas volontiers bien qu'elle eût peu de secrets pour lui. Il rêvait d'incorporer à la sienne certains de nos mots qui l'enchantaient. Mais comment était-il parvenu à se faire, dans notre littérature classique, une éducation dont il donnait la preuve le plus simplement du monde, à la vérité? La connaissance superficielle des choses de chez nous, qui nous flatte chez les étrangers pour la bonne volonté dont elle témoigne, elle nous irrite parfois aussi un peu. Aubrey la dépassa vite. Le *Courrier français*, auquel il collabora, représente assez « l'article de Paris », cette fantaisie dont la mousse grise les cerveaux des Américains, des Anglais et des Allemands; mais le flair et la lucidité de Beardsley le menèrent plus loin, et comme il n'était pas un à se contenter de peu, s'étant mis, avec sa sœur Mabel, à lire du français, ils allèrent tous deux au meilleur et au plus difficile.

Ai-je jamais entendu l'un de mes compatriotes parler de Molière et de Racine, comme Beardsley, de Racine, surtout, qui reste obscur aux étrangers? Et il récitait les chœurs d'*Athalie* et d'*Esther* comme des prières. Il vivait dans le dix-septième et le dix-huitième siècles. On sait qu'il songea à traduire les *Confessions*, à écrire un ouvrage sur Jean-Jacques et un essai sur les *Liaisons dangereuses*. Il étudia à fond George Sand, Chateaubriand, Balzac. Il connaissait les personnages de *la Comédie humaine* comme des membres de sa famille.

Nous passions des heures dans sa chambre où Charles Conder exécutait ses ingénieuses lithographies pour la *Fille aux yeux d'or*. Conder voyait en Dieppe un décor pour tous les actes de la *Comédie Humaine;* il n'était alors question que de Balzac; et dans ce petit monde où certains étaient à peine capables de désigner par son nom un objet dans un magasin, Balzac était discuté comme par des lettrés français. Gautier, Baudelaire, Verlaine furent les autres dieux de Beardsley.

La *Dame aux Camélias* prenait à ses yeux de malade une importance spéciale, il la parait de sa propre poésie. Il exigea que je le menasse à Puys chez Alexandre Dumas, bien touchante visite où le romancier, qui n'aimait pas les étrangers, fut conquis par le charme juvénile du visiteur dont je traduisais au cours de l'entretien les questions et les habiles compliments. Mrs. Mabel Beardsley-Wright doit avoir encore, sur quelque rayon de sa bibliothèque, le volume de la *Dame aux Camélias* que Dumas offrit à Aubrey, et précédé d'une belle dédicace.

Mais me voici tenté de conter mes souvenirs et, pour ce, suis-je dans l'embarras, car c'est une préface qu'on m'a fait l'honneur de me demander. D'abord, je m'en étais réjoui, mais une préface pour *Under the Hill* serait l'entreprise d'un homme de lettres!... Cependant, comme on m'assura que tout ce que je savais de l'homme mériterait d'être dit, ma mémoire à contribution fut mise.

Des souvenirs surgirent en foule et pendant quelques jours je revécus par la pensée avec le cher garçon dont j'avais fait la connaissance, deux ans avant sa mort, déjà atteint d'un mal qui ne pardonne pas, mais encore enthousiaste et brillant à ses heures de répit. J'évoquais nos journées de flânerie ou de travail, les bavardages que nous avions ensemble le matin sur la plage, au milieu des baigneurs ; l'après-midi, en arpentant les pelouses de la rue Aguado, et à l'hôtel des Étrangers où sa mère, bonne et tendrement inquiète, attendait toujours, regardait son fils en frémissant, quand nous rentrions d'une promenade trop fatigante pour lui.

J'avais déjà rédigé ces souvenirs quand je repris le livre d'Arthur Symons sur mon ami : je ne faisais que répéter des choses si bien dites avant moi ! En effet nous passâmes, Symons et moi, l'été de 1895 à Dieppe, en compagnie de Beardsley. Nous le voyions à chaque instant ; une perpétuelle agitation et la terreur de la solitude lui faisaient saisir le moindre prétexte d'abandonner les dessins dont il avait la commande, seules ressources pour faire vivre une famille qui dépendait de lui. Et Aubrey n'avait pas des goûts modestes ! Il venait nous chercher ou nous le rencontrions dehors, portant sous son bras la vieille reliure Louis XIV de maroquin

rouge à fers dorés, qui lui servait d'enveloppe
pour ses notes écrites. Symons et moi étions les
auditeurs attentifs de ses boutades et des paradoxes d'une liberté telle, qu'il les faudrait dire
en latin. Peut-être, en ma qualité de Français,
ai-je été plus touché que Symons par l'étrangeté du
personnage et m'apparut-elle plus exceptionnelle,
si habitué que je sois à l'humeur britannique,
à l'excentricité anglo-saxonne. Le décor de notre
vieille ville normande, si provinciale, en dépit
de son Casino et de ses bains cosmopolites, où
je vis passer tant de curieuses figures depuis
trente ans; la lumière de cet endroit où s'écou-
lèrent toutes mes vacances, mettaient en un vif
relief la silhouette du fin artiste, de cet élégant
et anguleux dandy encore tout imprégné de la
forte odeur de Londres.

Son visage émacié présentait un nez fort bus-
qué et très osseux, entre deux petits yeux perçants,
couleur de noisette, sous des cheveux de ce blond
acajou dit « auburn », que séparait en bandeaux,
sur un front bombé, une raie soigneusement
faite. Deux « grains de beauté » me semblaient
arrondis par lui comme des « mouches ». Il ressemblait au jeune héros du *Mariage à la mode*
de Hogarth. Toujours vêtu, le jour, d'un costume

gris clair, une fleur à la boutonnière, ganté, il tenait verticalement, par le milieu, une grosse canne de jonc dont il frappait le sol pour scander ses phrases et affirmer ses paradoxes. Il avait de l'esprit de mots à la française, un langage recherché, des façons cérémonieuses. Un peu voûté, il tâchait de redresser sa haute taille dans un sinistre effort de ne pas paraître malade. La maladie lui faisait horreur, et dès que le sourire retombait, son expression devenait poignante. A la moindre brise, il s'enveloppait d'un plaid de voyage ou dans un mac-farlane dont les ailes gonflées par le vent du large le faisaient ressembler à une énorme chauve-souris.

Beardsley vint sonner à ma porte, accompagné par des amis qui ont déjà presque tous disparu et dont certains — lui le premier — auraient à peine atteint à la maturité aujourd'hui.

Le bon géant Fritz Thaulow — mort, lui aussi — vivait à Dieppe avec son heureuse et blonde famille. Il ouvrait sa maison aux artistes de passage. Thaulow et Charles Conder me présentèrent le groupe d'Anglais que le même bateau avait amené. C'était le poète Alfred Dowson, bohème à la Verlaine, qui fut vite enlevé, après avoir signé de beaux vers; c'était Arthur Symons

et quelques autres, suivis de l'éditeur Smithers,
à l'éternel gibus, au nez rouge d'Agoust et flanqué
d'une demoiselle de bar ensevelie sous un
immense chapeau de plumes. On aurait dit une
troupe venue sur le continent pour une Bank
Holiday. C'étaient pourtant les rédacteurs et les
principaux artistes du magazine *Savoy*, dont j'attendais avec impatience chaque nouveau fascicule à la
couverture rose et parée d'un dessin d'Aubrey
Beardsley. Ces jeunes gens s'ingéniaient à scan-
daliser leur pays et n'auraient reculé devant rien
pour se signaler.

Intéressante époque de l'histoire artistique et
littéraire de l'Angleterre : 1895. Le long règne de
la pieuse et sévère Victoria, impératrice des
Indes, décline. Burne-Jones vient d'être créé
baronnet; Whistler commence à faire école,
après ses batailles livrées à la Grosvenor Gallery,
où les snobs se pâment de confiance devant toute
œuvre que refuse la Royal Academy, et recueillie
par Comyns Carr. Oscar Wilde, triomphant, se
promène dans Piccadilly, un grand tournesol à
la main. Les opéras de Wagner sont donnés dans
deux théâtres à la fois où se presse religieuse-
ment ce public d'esthètes, si bien croqués par
Aubrey Beardsley dans une de ses fameuses

planches : *Wagnerites*. Sarah Bernhardt et Réjane jouent des pièces françaises ; George Moore célèbre Manet, Degas, Zola et Goncourt. Le seul nom de Balzac gonfle la gorge de ceux-là mêmes qui n'ont rien lu de lui ; William Morris, poète, sociologue et tapissier, poursuit de sa haine l'acajou victorien et met dans le home du bourgeois un ameublement dans le goût des préraphaélites.

La société anglaise se réveille d'un long sommeil et secoue son indifférence pour tout ce qui n'est pas le sport. Un nouveau snobisme va la jeter dans les bras des artistes ; elle attend un miracle et se prépare à s'amuser d'autre façon que naguère. Dans cette aube rafraîchie, parmi les révoltés et les novateurs, voici venir le jeune Beardsley. D'un pas mesuré, il va, élégant et fluet, allonger subrepticement un coup de pied dans les vitres de Buckingham Palace, d'où la vieille souveraine observe et condamne ses sujets. On sait que sa majestueuse indulgence ne s'accorde qu'aux Philistins. Beardsley, grave et ironique, s'avance, tenant au-dessus de sa tête des plats et des corbeilles chargés de paons, de poissons rares et de fruits exotiques. Des parfums énervants fument dans des cassolettes. En cadence, suivi d'un cortège de masques, de nains, de mauvais drôles, il présente, en une bouffonne entrée de ballet, des objets bizarres qu'on dirait tirés du fourgon des rois mages, des mets à l'arome inquiétant... Aussi bien le chef qui en prépare les sauces et en dresse la parure, dédaigne la cuisson classique des rôtis nationaux.

Beardsley rénove la fantaisie anglaise, cruelle et poétique, froide, ou qui dissimule ses émotions ; il fait la chasse au « sentimentalism » d'un art désuet ; il est cynique, gouailleur et poète à la façon d'un clown shakespearien, exubérant tour à tour et retenu, amer dans ses éclats de gaieté.

Beardsley me rappelait un autre très cher de mes amis, le candide et mystérieux Jules Laforgue que j'avais vu dix ans plus tôt passer, toussant lui aussi et blême comme ce Pierrot qu'ils aimèrent tous deux. L'humour de *Under the Hill* reçoit un reflet lointain des *Moralités Légendaires*. J'imagine ces deux jeunes malades se rencontrant dans la nuit élyséenne, qui se saluent avec cérémonie, dansent un grave menuet dans un pâle rayon de la lune, puis s'évanouissent comme deux ombres...

Ils ont beaucoup souffert et beaucoup ri tous les deux quand ils étaient parmi les vivants et si la mort n'avait pas si vite convoité ces deux frêles proies, l'un ne serait pas devenu le Chrétien, ni l'autre l'amoureux candide et sanctifié qu'ils devinrent avant de nous dire adieu. Beardsley et Laforgue furent les « fleurs de bitume » de deux grandes capitales modernes. Laforgue, quoique provincial du Midi, incarne le gavroche parisien de l'heure inquiète qu'il vécut. Quant à Beardsley il est un « blackguard » de Londres, le vrai cockney au rire bref et qui retombe dans une morne tristesse après les bonds d'une gaieté de parade foraine.

On ne peut dire de lui : « Il n'eut pas le temps de s'exprimer; que serait-il devenu ? » En quelques années, comme suivant la marche rapide de l'aiguille sur le cadran, il donna, haletant mais avec méthode, tout ce qu'il avait peut-être en lui. Il eut la chance, dans ce temps de fébrile course au clocher, de choisir sa piste et l'arabesque qu'il y tracerait. L'enfant prodige des soirées de Brighton, le petit pianiste faiseur de *Christmas cards* et de *Menus* à l'aquarelle, trouve à quinze ans sa formule.

Elève de Burne-Jones, admirateur de Leighton, il fut l'un des premiers qui les rapprochent de Whistler — c'était alors marier le feu à l'eau. Les deux Académiciens donnèrent à Aubrey sa vision

tout anglaise de l'antiquité classique, de la
Renaissance italienne; Whistler lui révéla les
estampes japonaises, le pittoresque et le style
qu'un artiste peut mettre dans les costumes contemporains; puis Beardsley alla, avec Conder, aux
grands siècles français;son goût du « grotesque »
moderne et du masque fit le reste. Il déforme les
gens de son temps, les habille à l'antique ou à la
Louis XIV, les dévêt ou les pare d'atours em-
pruntés, mais leurs gestes sont d'aujourd'hui,
comme les personnages des romans d'Henri de
Régnier. Les salles bizarres et les jardins fantastiques où ces comédiens minaudent, en des galan-
teries poudrées, donnent sur la rue bruyante de
hansom cabs et d'omnibus. Ses dessins sont prêts
à être agrandis en affiches pour les murs de
Londres. Malgré les paraphes et les préciosités
calligraphiques dont il la charge, son écriture,
même de loin, reste lisible et se reproduit bien.
Beardsley, l'inventeur « du blanc et noir » (1)
est stimulé par la feuille de papier; le graveur
héraldique et l'imagier médiéval prêtent leurs

---

(1) Le « blanc et noir », dont je parle ici, est celui dont la mode
nous est venue peu avant la guerre, dans les toilettes et l'ameublement, et qui, en 1918, apparaît sur la scène dans la Revue du
Casino de Paris — chambre à coucher de Mlle Gaby Deslys.

moyens exacts au caprice du jeune décadent. Ce satiriste irrespectueux n'est pas peintre, mais un maître *en blanc et noir*, c'est pour l'imprimerie qu'il travaille.

« L'illustration et l'affiche ne sont-elles pas l'art même de ce temps? » disait souvent Beardsley, que les tableaux ennuyaient un peu.

Il ne fit pas de peinture à l'huile, mais projeta d'en faire quand il était avec moi. Qu'aurait été sa peinture? Un jour, le sachant tenté par ma boîte à couleurs, je le laissai seul dans l'atelier du Bas-Fort-Blanc dont la baie laisse voir les rochers où les enfants pêchent la crevette. C'était un après-midi glorieux d'août. Je partis en promenade afin de ne le déranger pas. Quand je rentrai, la grande toile que j'avais mise à sa disposition était couverte d'un très beau dessin au fusain que je ne me console pas encore d'avoir vu effacer d'un coup de gant. C'était un épisode rapporté par George Sand : Liszt marche dans la campagne, s'enfonce dans un champ de pavots dont les têtes sont pour lui autant d'instrumentistes. Le musicien inspiré brandit sa canne comme un bâton de kappelmeister et bat la mesure, croyant conduire un orchestre innombrable.

Ce fantastique personnage aux longs cheveux bouclés, coiffé d'un feutre mou, avait un geste superbe; en vérité, le bâton dirigeait une symphonie macabre, et l'on eût dit qu'il voulût faucher ces têtes aux corolles impertinentes de fraîcheur. Tout ce que faisait Beardsley exhalait l'odeur de la mort.

Je ne le connus qu'affaibli et se préparant à prendre congé de nous, implorant avec résignation le Crucifix qu'avait mis entre les doigts moites du malade un prêtre catholique. La Foi rendit moins déchirantes ses rêveries de jeune condamné, à la porte du cimetière.

Je le surpris souvent penché sur sa table, dessinant dans sa chambre d'hôtel; il était rentré las de ses marches d'un bout à l'autre de la terrasse du Casino. Grisé des flonflons du bal et du bruit des « Petits chevaux » dans lequel *Under the Hill* fut écrit presque en entier, il revenait sagement à son ouvrage commandé, attendu par ses éditeurs. Travail appliqué, minutieux, sans ratures, conduit comme celui d'un moine enluminant une page de missel. Ainsi courbé sur la feuille de papier bristol, des petites plumes d'or, des grattoirs rangés avec ordre, Aubrey accomplissait une tâche au-dessus de ses forces, sous le regard du

Christ accroché au mur. Ce nouveau Tannhaüser était obsédé par des visions du Venusberg, de la bacchanale dont les cuivres et les tambourins vibrant dans ses oreilles, ramenaient sur ses joues deux taches de sang. Il y a comme la déformation d'une cagoule de frère de la Miséricorde, dans certains de ses personnages ambigus, arlequins, dominos qu'il faisait rôder dans ses mascarades, où ils répandent une odeur de cadavre et l'épouvante de l'Enfer. Ces créations sont autant de doubles de sa personne.

Même affaibli, comme il l'était en 1895, et tenaillé par l'effroi du lendemain, son imagination d'illustrateur était follement libertine, hantée de monstres aux gestes douteux, qui offrent à la malveillance toute liberté de graveleuse interprétation. Les amateurs ne furent indulgents que pour les légères vignettes de la *Mort d'Arthur*, et son premier public devait être bien peu naïf, car il attribua un sens obscène aux moindres détails des dessins parus dans le *Savoy* et dans le *Yellow Book;* on voulut découvrir des intentions et des symboles jusque dans les fruits et les fleurs de la si curieuse Madone, peut-être le chef-d'œuvre de Beardsley. Tant de choses étaient contées sur sa vie privée, et il s'était volontairement créé une telle réputation de dépravé et de blasphémateur, qu'on le voyait toujours plus ou moins célébrant une messe noire. On pouvait se demander si la ferveur du catéchumène n'était pas trop souvent attisée par le souffle des satyres et des démons. Il ne s'expliquait point sur sa piété et demeura plein de retenue, la seule fois que je lui avouai mon malaise à ce sujet.

Il y eut vers les années quatre-vingt, beaucoup de conversions à Londres. Ce fut une mode et un engouement dans le monde des arts, d'embrasser le catholicisme au moment où s'achevait la surprenante cathédrale byzantine, le plus bel édifice moderne de la ville sinon la plus belle église élevée de nos jours; théâtrale, sombre — elle n'était pas encore revêtue de ces mosaïques à fond d'or, des marbres et des onyx sous lesquels doit disparaître sa paroi de briques, mais elle était pleine d'encens et d'une mise en scène somptueuse. Ce temple dont les coupoles rappellent le décor de *Parsifal*, attirait ceux que le culte protestant rebute par sa froideur. Amfortas et la démoniaque Kundry semblaient se cacher derrière les pilliers de la nef. Aubrey trempait son doigt dans le bénitier de la basilique, au retour de ses randonnées nocturnes. Pour d'aucuns, le

plaisir est d'autant plus vif qu'il sera suivi de
prières et de repentir; l'Anglais imagine volontiers l'ombre du pasteur rôdant dans la ruelle du
lit comme une menace.

Je rejoignis Aubrey dans l'automne 97, à Paris,
avant son départ pour le Midi, où il devait hiver-
ner. Il était descendu à l'hôtel Foyot, au milieu
du Quartier Latin, dont il était si curieux. Nous
dînions parfois ensemble dans le restaurant. Les
lumières et les conversations de nos voisins de
table lui communiquaient une passagère excita-
tion, à peine suffisante pour chasser pendant
quelques secondes ses lugubres visions de mort.
Il tenait alors les propos qui m'aidèrent à le mieux
comprendre. C'est un écrivain, surtout, qu'il
ambitionnait d'être ; apparemment chez lui, une
sorte de coquetterie. Sa passion pour l'art français du xviiie siècle était alors dans toute son
intensité et l'influence de notre littérature le
dominait. Notons que les meilleurs artistes anglais, depuis un quart de siècle, ont subi l'influence française, comme nos romantiques de 1830
celle de l'Angleterre.

Si l'on établit aisément sa généalogie artistique
et si son œuvre de dessinateur se suffit à elle-
même, telle qu'il nous la laisse, qu'est-ce donc

qu'il souhaita d'être comme écrivain? Il m'a parlé
de longs poèmes qu'il comptait écrire, qui eussent tenu de Dante, de la *Légende Dorée* et de
Choderlos de Laclos! Il était de cette génération
« cérébrale » raisonneuse, trop instruite de ce
qui a été fait avant elle, qui ne voyait la nature
qu'au travers de l'art, et dont la spontanéité fut
retenue par le poids d'une trop lourde chaîne de
souvenirs. Surtout avide de jouir vite et beaucoup, — trait commun à la plupart des Anglais
d'alors, — Beardsley n'était attiré dans la
vie que par ce qu'elle a d'excitant, de brillant,
de rare et par le grotesque, le monstrueux, le
comique. Le commun des êtres et des choses
était inexistant pour lui. La pitié n'était pas son
fait; mais il faut attribuer à son état physique
une part de son égoïsme. Il était personnel et
d'une façon presque risible, tant il y avait de
l'enfant chez lui. Je me rappelle qu'il disait :
« Ce dont j'aurais besoin, ce serait d'une bonne
nourrice qui me dorloterait. » Et il avait pourtant avec lui son excellente mère et sa sœur
Mabel, l'ex-compagne plus que complaisante de
ses heures de joie, alors esclave de ses caprices
funèbres, et s'ingéniant à rendre plus douce sa
longue agonie. Une fois je le vis encore, à Lon-

dres, plus faible et plus creusé, et me disant : « Je ne puis plus me supporter chez moi! J'irài jouer à Monte-Carlo ». Les médecins le firent voyager. Il voulait aller à Venise, étudier Longhi.

Aubrey, chassé par le climat de son pays, passerait l'automne à Paris, où il avait tant souhaité de venir à ses débuts. Les bouquinistes des quais de la Seine l'occupèrent, les plaisirs auxquels il ne prit point part, mais qu'il devinait autour de lui, lui donnèrent l'illusion de l'activité et de la vie brillante. Chaque jour, c'était un nouvel ouvrage dont il établissait les plans. Il notait des phrases détachées d'abord, des mots d'esprit, comme les motifs dont un musicien composera une partition. Avant de composer son « grand poème dantesque », il voulait faire des essais en prose, dont les sujets avaient beaucoup d'analogie avec ceux des *Moralités légendaires;* sachant qu'il ne connaissait pas Laforgue, je m'interdis de les lui signaler. Si affectueux qu'il fût pour moi et quelques autres amis, je dois à la vérité qu'il n'y avait pas dans les belles histoires qu'il voulait conter, l'émotion et la tendresse humaine de Laforgue. Je n'y distinguai jamais une philosophie, une doctrine — et, pourtant, l'heure avait sonné, pour lui, des réflexions graves. Même dans ses livres, il est probable qu'il eût été un pur et simple amant de la forme et de l'art pour l'art. Peut-être, après tout, craignait-il de se faire trop connaître, peut-être se dissimulait-il, par « artisterie ».

Celui qui doit vivre peu de temps a le droit de beaucoup garder pour soi-même : Beardsley s'arrêtait en route pour tout voir et peut-être trop souvent pour en rire. Il y a assez de beauté autour de nous, et de hideur aussi, pour se réjouir ou se moquer avant d'atteindre le terme, ou que la lassitude ne vienne ; mais l'ironie est l'esprit des êtres tristes. Le dégoût ne vint pas au pauvre Beardsley, car les dernières lettres que je reçus de lui révélaient une curiosité de plus en plus vive, et il ne croyait plus à son mal. Il mourait.

QUELQUES NOTES SUR MANET.

Pour George Moore.

Une vieille amie de Mme Manet mère me montrait une photographie : la *Charlotte Corday* de Tony-Robert Fleury, fils d'une autre de ses camarades d'enfance. Mme X... me proposait cet exemple :

— Regarde ! Au moins, cela, c'est distingué ! Ce n'est pas comme ce pauvre Édouard ! Il est bien gentil garçon, Édouard ; mais ce qu'il fait est si commun ! C'est pénible pour une femme comme Mme Manet, d'avoir un tel fils. Voilà le portrait de ses parents ; on dirait deux concierges !

Pourtant cela me semblait très beau, à moi ! J'aimais la tête fine de cette bourgeoise en bonnet à rubans, debout à côté de son vieux magistrat de mari, renfrogné, l'air furieux et têtu,

sous sa calotte de soie brodée de grecques, et à
gland.

Mon père me dit une fois :

— Oui, c'est drôle, cette peinture ! *Il y a quelque chose là dedans.* J'ai été en pourparlers pour
acheter à Édouard son *Déjeuner sur l'herbe*, il y avait
un panneau de mesure, dans notre salle à manger. Ta maman a craint la nudité de la baigneuse.
Après tout, elle avait peut-être raison ; mais on
aurait pu mettre ce tableau de côté, et tu l'aurais
eu pour toi, plus tard, puisque tu aimes cette
peinture. Je crois que tu n'as pas tort.

Il est au Louvre, aujourd'hui, grâce à Moreau-
Nélaton.

Je devais avoir treize ou quatorze ans, quand
on me conduisit dans l'atelier de **Manet**, son
premier atelier de la rue Saint-Pétersbourg, et
qui donnait sur le pont de l'Europe, en plein
midi. C'était un salon à boiseries brunes et
dorées, un rez-de-chaussée de dentiste. Sur le
mur, une toile représentait **M.** et **M**^{me} **Astruc**,
jouant de la mandoline. Nous étions conviés à
voir un portrait de Desboutin, et de son fameux
lévrier rose ; mais je me rappelle, à droite du
personnage, une chaise de jardin, verte, et d'un
genre appelé X, qui m'avait beaucoup frappé :

il n'y en a plus trace dans la toile, telle qu'elle existe aujourd'hui.

Fut-ce cette fois, ou plus tard, que je vis sur le chevalet, *le Linge*, tout frais alors, et si éblouissant de clarté, d'un bleu si vif et si gai, qu'on avait envie de chanter? Comme la peinture moderne se plombe! A peine quelques années, et un tableau, le plus brillant, est déjà calciné, détruit. Nous admirons des ruines, des ruines d'hier. Vous ne savez pas ce que fut *le Linge*, à son apparition! Je croirais devoir m'en prendre à moi-même, ou à déplorer l'état de mes yeux si, depuis cinq ans, je n'avais assisté à la destruction d'un chef-d'œuvre, *le Trajan* de Delacroix, au musée de Rouen. Je l'ai vu se ternir, se craqueler, et maintenant, il n'est qu'une bouillie brune. Chez Raymond de Madrazo, une copie qu'il fit vers 1860, de l'*Entrée des Croisés à Constantinople*, et peignit sur plâtre, perpétuera le souvenir d'une palette *claire* dont les « jus » de Delacroix ont corrompu la pâte. L'*Entrée des Croisés* fut un bouquet de fleurs.

Comment Manet pouvait-il travailler dans ce salon qu'envahissait le soleil? Est-ce là que furent achevés *le Linge*, *le Chemin de fer*, *Argenteuil?* « L'école du plein-air », se tenait souvent à l'intérieur.

Le Bal de l'Opéra, *Le Bar* furent peints dans
l'atelier, sans que Manet prétendît même de donner
l'illusion d'un effet du soir : cela au moment où
Zola professe le « réalisme », ce romantique, oui,
la « *vérité crue* » ! Or, Manet n'est ni un romantique attardé et déformé par le « naturalisme »
de Zola, ni un réaliste, mais un peintre classique;
dès qu'il met une touche de couleur sur une toile,
il pense toujours à des tableaux, plus qu'à la
nature. Ce n'est pas un excès de « réalisme » qui
le faisait passer pour *vulgaire*, mais la *distinction*
de son style et sa vision trop spéciale pour être
appréciée tout de suite.

Leur vieille amie n'aurait pas trouvé *commun*
le portrait du père et de la mère de Manet, si
Manet eût été un peintre faible et vulgaire.

*
* *

On connaît le visage de Manet, ce joli homme
blond, gracieux, élégant, à la cravate Lavallière
bleue, à pois blancs. Un agent de change? Un
homme de cercle? oui, charmant, spirituel,
aimable, souriant. Sa voix un peu enrouée avait
des caresses, sa parole, l'accent du gamin de Paris.

Qu'il fut un artiste, mettait dans l'embarras
ses familiers, qui l'aimaient, mais l'admiraient

peu et ne savaient quelle attitude choisir quand
il leur fallait s'exprimer sur son compte, ne prenant pas le peintre au sérieux. M. Degas qui,
depuis, a souvent répété: « Nous ne savions pas
qu'il était si fort! », M. Degas parlait de lui avec
une ironie malveillante. « Il est plus connu que
Garibaldi, dites, quoi? ». Il était trop connu et
l'on ne pouvait le lui pardonner, même sur les
cimes altières où M. Degas construisait son aire.

Manet, lui, était ici-bas, beaucoup plus modeste, plus humain, sensible à la critique comme
les autres, ambitieux de médailles, de décorations. Il désirait faire des portraits de jolies
femmes, et plaire. D'un autre artiste qui aurait
fait de la peinture comme la sienne, Manet eût
peut-être parlé comme ses amis parlaient de lui.

*
 * *

Une séance: Mlle Suzette Lemaire pose pour un
pastel ; Manet peine, se courbe, se retourne vers
le petit miroir qu'il tient à sa gauche, et où se
reflète, inverti, le joli visage de la jeune fille.
Manet veut prouver à Mme Madeleine Lemaire
qu'il peut faire concurrence à Chaplin, le maître
portraitiste de ces dames. Il croit enjoliver, flatter,
il choisit les roses les plus tendres, fond les cou-

10.

leurs du pastel. Il efface, recommence : le modelé
est de plus en plus raboteux, le noir domine,
cerne les contours. « C'est un corbeau ! » dit Aurélien Scholl. « Vous êtes dur, pour les femmes ! »

*
* *

Manet ne travaillait guère que pour le Salon.
Les tableaux qui restent de lui sont *ses Salons* ou
des projets de Salons abandonnés. Il fit relativement peu d'études, presque pas de dessins ou de
croquis ; ses petites nature mortes de fruits, de
fleurs très soignées étaient encore « des tableaux »
par lesquels il espérait tenter les marchands. Ses
esquisses sont « des tableaux » arrêtés en route.
Sans commandes, sans acquéreurs, sans « débou-
chés », disait sa mère, il peignait cependant, parce
que peindre est sa fonction sur terre. Les « défauts » qui écartaient de lui le public étaient ses
qualités essentielles, la « fatalité » de son don.
Et il voulait être un portraitiste *agréable !*
Ses chefs-d'œuvre manqués se couvraient de
poussière, dans une soupente où personne ne
songeait à les retourner, car on n'allait chez lui
que pour la conversation. On croyait qu'il « cherchait quelque chose », que d'autres plus habiles
« trouveraient ». On croyait qu'il « donnait des

idées » dont les plus habiles « tireraient parti. » Au
contraire, il « prit les idées » des impressionnistes,
tout en restant, inconsciemment, peintre de musée. Il fut, avec Courbet, le dernier peintre de
tradition. Au lieu d'être un *précurseur* il était un
aboutissant. Il n'y eut peut-être jamais d'artistes
plus incompris, plus mal définis de leur vivant :
incompris des autres, et de lui-même. Et un *amateur*, dans le vrai sens du mot ; célèbre pour des
théories qu'il n'avait pas, mais que des journalistes et des littérateurs formulaient pour lui un
peu par blague, ou par intérêt, comme Zola. La
noblesse de ses œuvres les plus sommaires — non
pas légères, car elles ont toute une singulière
pesanteur — échappait encore, même à M. Degas,
un autre *amateur*, mais aussi *intellectuel* que
Manet l'était peu.

*
* *

En dehors du Louvre, Manet ne connut guère
que l'Ile de France, le paysage des bords de la
Seine dans la banlieue, les villas blanches et
roses, les plates-bandes fleuries de géraniums,
autour d'une boule miroir ; les bancs verts et les
arrosoirs, les canots à voile sur la rivière, chez lui
la riche qualité de la pâte et la nervosité de son

pinceau, son dessin surtout, donnent le style et la
noblesse des maîtres, aux choses que les impressionnistes ont diluées dans l'atmosphère. Sa
touche est brusque et réfléchie à la fois. C'est avec
un soin extrême qu'il « borde » sa pâte soigneusement appliquée. Tandis que Courbet « beur-
rait » au couteau à palette, un beau ton qui
bientôt noircit, Manet se sert de pinceaux de
martre, ou de brosses carrées, fines ; et si tout
ce qui vient de sa main est *peiné*, on dirait pourtant d'esquisses ; la fraîcheur de ton d'une première heure d'ébauche n'est salie ni par ses dessous, ni par les demi-pâtes qu'il accumule ; il sait
reprendre sans que se fane la fleur de sa palette.

Et je ne l'ai vu peindre que lorsqu'il était déjà
malade, à la fin de sa vie, longtemps après sa
période espagnole, qui fut le beau temps. Il gardait encore sa matière drue et comme conservée
dans un appareil frigorifique. On ne « respire »
pas dans ses tableaux, qui ne sont que « de la
peinture ».

Ces souvenirs sont du second atelier de la rue
Saint-Pétersbourg. J'ai vu peindre *le Pertuiset, le
tueur de Lions ; Jeanne ; le Bar.* Les réactions chimiques qui se produisent dans ces tableaux-là
tiennent du prodige : la violence et la crudité des

couleurs furent d'abord presque inharmoniques.
Les colorations se calment en prenant la patine
de l'émail (tels *le Pertuiset*, *Jeanne* et *le Bar*).
Les tons de la lourde pâte se sont harmonisés
et clarifiés *comme des glacis*. Les gris actuels du
Pertuiset furent des violets fouettés de rose ; les
chairs étaient rouges comme la tomate, le paysage
était fait de carmin, de lilas vineux et de verts
bleutés assez désagréables. Le temps travaille
pour Manet et *contre* les autres peintres modernes.

Après des séances laborieuses, mais courtes,
Manet, vite fatigué, allait s'étendre sur un canapé
bas, à contre-jour sous la fenêtre, et contemplait
ce qu'il venait de peindre, en tordant sa moustache, ayant le geste d'un gamin qui dirait :
« Chic ! chouette ! » On riait ; on le menaçait des
foudres du jury, il se ferait encore « recaler » au
Salon. Il ne s'en désolait plus, parce qu'alors « son
nom était un drapeau » ; il était chef d'école,
sans école. Il était soutenu par un parti qui se
servait de lui comme d'un candidat auquel on fait
signer des professions de foi révolutionnaires,
pendant la période électorale, pour ouvrir la voie
à d'autres « plus sérieux ».

* * * * *

Le deuxième atelier de la rue Saint-Pétersbourg
fut le siège de grandes réunions politiques. Il
recevait le jour du nord, il était banal et froid,
au fond d'une cour qu'habitaient de nombreux
artistes ; à côté, c'était celui d'Henry Duprey, le
joyeux peintre militaire, qui sonnait de la trompe,
jouait du tambour et amusait tout le monde avec
son esprit de sous-officier tapageur et sentimental.
Devant la porte de Manet, quelques pots de
fleurs et des bacs verts avec des lauriers, comme
à la terrasse des restaurants de ce temps-là. Une
grande promiscuité régnait entre voisins, mais
après la séance, tout le monde avait rendez-vous
chez Manet.

Je le revois s'appuyant sur une canne plombée,
se tenant difficilement en équilibre sur ses semelles
de caoutchouc. Il était vain de son joli pied,
chaussé de « bottines anglaises » ; il était souvent
vêtu d'une Norfolk jacket à plis et à ceinture,
comme un sportsman anglais. Il détestait le genre
rapin. Dans un coin, à droite de l'entrée, affalés
sur un divan rouge, Albert Wolff, Aurélien
Scholl, des boulevardiers et des demi-mondaines
l'entouraient. Charles Ephrussi et quelques financiers israélites commençaient à acheter ses pastels,
non qu'ils jugeassent la peinture de Manet digne

de figurer à côté des gouaches de Gustave Moreau, sur des boiseries Louis XV authentiques; mais on aimait Manet et puis on ne savait pas, après tout, ce que réservait l'avenir. On pouvait tenter le coup !...

Emmanuel Chabrier faisait des mots. Manet adorait les calembours, dont la mode est si passée. Vers cinq heures, on pouvait à peine trouver place auprès de l'artiste. Sur un guéridon de fer, accessoire qui revient souvent dans l'œuvre de Manet, un garçon servait des bocks de bière et des apéritifs. Les habitués montaient du boulevard tenir compagnie à leur camarade, qui ne pouvait plus descendre au café de Bade.

Un jour, Manet me dit :

— Apportez une brioche, je veux vous en voir peindre une: la nature-morte est la pierre de touche du peintre.

J'ai encore chez moi la petite toile que je barbouillai sous ses yeux et dont il parut content.

— Cet animal-là, dit-il, il vous fait une brioche comme père et mère !

La toile est datée 27 octobre 1881, 77, rue Saint-Pétersbourg.

*
* *

Je crois bien que si Manet approuvait les intentions de Cézanne, c'était plutôt pour un maniaque qu'il le prenait. Je portai chez Manet les paysages et la nature-morte (pommes rouges et pot au lait en fer-blanc) que j'avais achetés chez Tanguy, convaincu qu'il aimait, comme Renoir, la rareté de leur pâte et de leur ton, comme d'un émail ou d'un fragment de poterie persane. La forme même m'en paraissait curieuse. Manet me dit :

— C'est de la peinture, comme la musique de Cabaner (1) est de la musique. Et il se tourna vers Chabrier : n'est-ce pas, Emmanuel ?

Pendant les deux ans que j'ai fréquenté Manet, il jouissait d'être le chef d'une école dont se réclamaient Gervex, Duez, Bastien Lepage, Roll, et autres peintres de « plein air » et dont le succès allait grandissant au Salon. Il avait vers eux les yeux plus souvent tournés que vers Renoir, Monet, Pissaro, ou Degas, dont l'acharnement spirituel le torturait. On était très simple dans ce temps-là. Quel serrement de cœur quand j'entendis : « Il était plus grand que nous le croyions ! »

---

(1) Cabaner, musicien bohême et excentrique qui avait alors, à Montmartre, une réputation analogue un peu à celle de M. Erik Satie, avant qu'on rendit justice à ce pré-debussyste.

consenti par **M.** Degas, alors qu'à cinquante ans, Manet s'en alla dans un corbillard où était épinglée une croix de la Légion d'honneur. Opinion trop tardive et qu'on ne se permit qu'en allant au cimetière de Passy !

L'atelier du 77, rue de Saint-Pétersbourg n'était guère, comme l'on voit, celui où l'on se figure un maître dont le nom remplit la fin du xixe siècle et le commencement du xxe. Hangar à vieilles toiles oubliées alors, roulées pour la plupart, il ressemblait à ceux où mes camarades faisaient semblant de travailler, mais recevaient des femmes. Quelques rares meubles de hasard, un buffet de restaurant, où appuya ses mains la fille au corsage bleu du *Bar aux Folies-Bergère* ; quelques vases à fleurs, des « litres », des fioles à liqueurs, quelques bouteilles de champagne sur une table où s'assirent les deux amoureux de *chez le père Lathuile* ; le miroir à pied de *Nana*, un tub de zinc. Sur des chevalets, quelques pastels, dont George Moore et Méry Laurent, l'amie de Henry Dupray et de Mallarmé, visiteuse quotidienne de Manet, à l'heure où l'on vient bavarder et rire. Sur les chaises, un corsage de soie, un chapeau, qu'après le départ du modèle, Manet copie avec effort et application pour le « faire tenir sur la tête ».

11

— Un chapeau haut de forme, c'est ce qu'il y a de plus difficile à dessiner, disait Manet.

Célui d'Antonin Proust fut bien recommencé vingt fois en ma présence ! Je me rappelle la robe de *Jeanne* et son ombrelle traînant longtemps à côté des rhododendrons fanés qui avaient servi de fond ; et combien différente du modèle était l'interprétation de Manet ! Le maître me disait :

— N'est-ce pas, c'est bien ça ? C'est soyeux, riche, *c'est bien d'une élégante ?*

Et son gentil geste du bras, comme fauchant l'air, et la main droite faisant claquer ses doigts, donnait plus d'autorité à une voix affaiblie de malade. Il y avait peu de gêne, peu de respect, trop peu, autour de cet ami qu'on aimait, mais qu'on ne pouvait décidément pas prendre au sérieux, sans doute à cause de sa gentillesse. Marcel Bernstein, le père d'Henri, Manet une fois mort, me donna le *Moine en prière* en échange d'une pochade de Daubigny.

— Eh ! là, l'amateur ! Voilà qu'il file avec son cadre sous le bras... ! Allez donc dire aux marchands que ce n'est tout de même pas plus mal que Duez... et Manet riait de me voir emporter une tête au pastel, Méry Laurent coiffée d'une toque de lophophore, vêtue d'une jaquette grise garnie de skungs ; comme j'avais obtenu que mon père achetàt pour moi cette jolie chose.

Je regrette de n'avoir pas mieux connu l'excellent Manet, de ne pas lui avoir parlé avec la tendresse et la vénération qu'il méritait. Mais peut-être préférait-il alors, à ma réserve silencieuse de petit jeune homme bien dressé, la camaraderie libre et gouailleuse qui me choquait tant chez les autres. Alfred Stevens, ce gros Belge de Paris, si bon peintre, jadis, mais d'intelligence trop limitée, et qui ne travaillait plus que pour le commerce, paraissait le pontife dans ce milieu artiste, un pontife au chapeau penché sur l'oreille, type de préfet du second Empire, ou de colonel de cavalerie en goguette.

Fantin avait une affection fraternelle pour Manet, mais... distante et effrayée! Il ne se serait pas risqué au 77, rue de Saint-Pétersbourg. Il avait été quelquefois, jadis, chez M. et Mme Manet aux séances de musique de chambre, que donnait le vieux magistrat; Mme Édouard Manet ne paraissait jamais à l'atelier qui était, selon elle, « une annexe du café de Bade ». Édouard, dans son « antre », n'était plus le fils de M. et Mme Manet. Celle-ci disait :

— Pourtant, il a copié la *Vierge au Lapin*, de

Tintoret, vous viendrez voir cela chez moi, c'est
bien copié. Il pourrait peindre autrement ; seulement il a un mauvais entourage !... S'il pouvait,
au moins, peindre des portraits comme Tony-Robert Fleury !

Édouard n'aurait pas demandé mieux, peut-
être, mais avec le caractère, le dessin appuyé et
dur de ses têtes, c'était malgré lui et à son insu
qu'il « défigurait ses modèles » et faisait des
chefs-d'œuvre.

M. Degas fut blessé et cessa de voir son ami.
Degas avait peint un portrait double de M. et
Mme Édouard Manet. Mme Édouard Manet, vue de
profil, jouait du piano. Manet coupa la toile en
deux, supprima l'image « enlaidie » de sa femme.
Quant à la ressemblance de Manet, assis en boule
sur un canapé, si j'en juge par une photographie
de ce beau fragment, c'était la vie, c'était l'homme
que j'ai connu. *La femme au gant* que j'achetai
500 francs chez Durand-Ruel, en 1884, « un
monstre de laideur », fut reconnue par un enfant
de ma famille : — Ah ! c'est la tante Aurore !...
dit-il. Les parents firent taire le petit sot ;
mais je sus que *La femme au gant* était bien
Mme de X.... célèbre beauté du Second Empire, la
tante Aurore. Herr von Tschudi, qui la convoi-

tait pour Berlin, me disait : — C'est la Joconde française.

« Si l'on aime la peinture de Manet, on l'aime comme Corot, comme Tourgueneff », a écrit George Moore, l'Anglais des Batignolles », ainsi qu'on désigna Moore quand Manet fit de lui l'étonnant pastel « aux yeux mauves, au teint vert de noyé ». Plus d'un quart de siècle après la mort du peintre, Moore parle encore de lui comme si Manet venait de disparaître ; pour lui Paris est vide sans Manet et l'on n'y fait plus de peinture.

*
*　*

Manet pasticheur ?

Il n'y a pas deux tableaux dans toute son œuvre, qui n'aient été inspirés par un autre tableau, ancien ou moderne. Manet prenait résolument la composition d'une toile de maître, la traduisait à sa façon, la recréait ; les Espagnols dont il a été si impressionné dans sa plus belle manière, il les pastichait avec une volonté de faire des tableaux de musée. Personne plus que lui n'a « démarqué », et personne n'est plus original. Plus tard, influencé par Claude Monet, il fera du plein air, aussi polychrome que ses premières œuvres étaient blanches et noires ; mais toujours et partout, la *touche* est du Manet, sa pâte est unique ; la maladresse, la précision et la décision à la fois du pinceau n'appartiennent qu'à lui. C'est *bien fait* jusque dans le lâché apparent. Il y a une plénitude dans son dessin simplifié et gauche, il y a une déformation dans le sens de la grandeur. Son modelé plat qui supprime certains plans, donne une qualité unique à la nature-morte, aux objets. Rappelez-vous le *Jambon* sur un plateau d'argent, la *Botte d'asperges*. On n'a jamais peint comme cela avant lui. Cela paraît plus simple et plus mystérieux que la pâte de Chardin.

Du *Guitariste* au *Linge*, une révolution s'est opérée chez Manet ; on croit à peine que les mêmes yeux aient pu voir, à quelques ans de distance, si différemment. Toutefois, la main est reconnaissable. Toutes mes préférences sont pour la période espagnole et surtout pour l'*Olympia* qui m'apparaît comme une œuvre sans rivale dans notre âge, un réservoir de lumière, un soleil blanc dans la « Salle des États » qu'elle éclaire, avec son étrange, métallique beauté de chair, sa *stylisation* involontaire, sa sensualité moderne, « baudelairienne » — et combien plus femme par la vie qu'elle dégage, que la *Maîtresse du Titien*, ou que l'*Odalisque* d'Ingres, à laquelle elle fait pendant, au Louvre !

On a parlé de Goya, à propos de l'*Olympia* qui serait un pastiche de la Duchesse d'Albe, nue sur un lit. Il existe aussi une Duchesse d'Albe en costume de Maya; Manet a peint une Espagnole travestie en torero; le *Balcon* est composé comme un des « Caprices » de Goya. Nul doute que Manet avait songé à l'Espagnol dans ses scènes de Plaza et sa *Lola de Valence :* mais je ne crois pas qu'il ait connu les originaux, ni qu'il soit même allé en Espagne, et ses toiles sont très supérieures à celles dont il se serait inspiré. Ses « pastiches » sont des créations aussi originales que *le Linge.*

Un peintre de grand métier peut s'inspirer, doit s'inspirer de ce qu'il aime et le recréer à sa façon. Il y a des artistes sans nulle invention ni personnalité, dont la manière n'évoque le souvenir d'aucune autre manière, et qui sont pourtant banals et sans intérêt. L'originalité réside moins dans la *conception* que dans l'*exécution.* Les moyens sont *tout* en peinture. Ingres a pillé — puisque l'on dit ainsi — tout ce qui lui semble en valoir la peine. Son admirable *Thétis* est comme un agrandissement d'une pierre gravée antique du musée de Naples. Les statues grecques, les miniatures persanes étaient familières à Ingres. L'*OE-dipe et le Sphinx* est fait d'après un patron très fréquent sur les vases étrusques. L'*OEdipe* n'est-il pas cependant le tableau le plus caractéristique du maître français ?

C'est par la façon dont elle est « faite » que l'œuvre de Manet s'impose et vivra. C'est par son *métier* (1) que Manet aurait dû influer sur ses contemporains. Or, de sa maîtrise de technicien, il n'était pas question, jusqu'à ce que nous l'ayons découverte, beaucoup plus tard.

Nous voyons donc le même fait se reproduire pour tous les peintres. Certains hommes bénéficient de l'heure à laquelle ils ont paru, d'une circonstance fortuite de leur carrière ; pourquoi le nom de Manet est-il devenu une sorte de référence pour les impressionnistes et les néo-impressionnistes ? Il n'a pas de parents dans l'art moderne. Claude Monet combina une palette nouvelle, Manet crut l'emprunter. N'étant pas théoricien, ses phrases coutumières sur l'art étaient d'aimables enfantillages ; il parlait d'art comme un *communard* amateur, de la révolution.

---

(1) « L'atelier de Vélasquez », que je possède, est un exemple curieux du *pastiche-original* de Manet.

GUSTAVE RICARD (1)

Il est mort trop tôt pour que j'aie pu le connaître; mais on m'en a tant parlé dans ma jeunesse, qu'à l'aide de mes souvenirs j'essaierai
d'évoquer cette figure mélancolique, si peu
épargnée par l'injustice de ceux qui aiment les
nouvelles formules, la spontanéité, la lumière, la
vie joyeuse. Enfermé dans son atelier, par crainte
de ses contemporains, Ricard vécut presque
ignoré du public, et adulé de quelques-uns. L'expérience à laquelle nous assistâmes ce temps-ci
prouve l'inutilité de certains essais de répara-
tion. Moi-même, qui possède plusieurs de ses
œuvres, recherchées et entourées de vénération
par ma famille, cette réunion de plus de cent

(1) Exposition de Ricard et de Carpeaux, à la salle du Jeu de
Paume, 15 mai-15 juin 1912. Article paru dans la *Revue de Paris*.

11.

portraits m'a d'abord déçu autant que les gens pressés qui n'ont pas pris la peine de forcer la porte de ce reclus volontaire. Ricard a fait la nuit autour de lui : munissez-vous d'une lanterne et pénétrez à pas discrets dans son laboratoire de chimiste.

On lui refuse la personnalité. Il faudrait pourtant s'entendre sur cette question : en quoi consiste l'originalité? Il nous arrive trop souvent de prendre pour de l'originalité une simple transposition de ton, comme dans un orchestre l'usage d'un instrument au son bizarre et nouveau. Nous sommes en pleine brutalité. Nos yeux sont assaillis par les pires extravagances de colorations crues, de tons entiers, réaction toute légitime contre un excès de fadeur et de demi-teinte. Le soin dans le « métier » est sacrifié à la recherche de la couleur pure, qui, moins on la travaille, mieux elle chante. Aussi bien une exposition de Ricard, après la malencontreuse rétrospective de Whistler, laisse froid un public perverti par les savantes roueries de la réclame, et qui veut à tout prix découvrir des maîtres à bon marché, et féconds, dont la spéculation s'empare.

Ce que nous appelons couramment « originalité », est-ce le piment qui réveille, pour un temps, un appétit endormi? D'autre part, le retour à des préoccupations plastiques décoratives ne fut, dans plus d'un cas, qu'une confusion du tableau avec le décor, un entraînement des sens souvent assez heureux, et qui semble très particulier aux races orientales et sémitiques.

Or, l'on choisit cette heure pour rouvrir la chapelle désaffectée de Gustave Ricard et sonner des carillons au lieu d'un glas. Nous voici chez un homme qui fermait les rideaux de son atelier pour peindre dans la pénombre, arracha du cadran de son horloge les aiguilles — symbolisme qui vous fera sourire — s'exerçe à y voir dans les ténèbres comme un oiseau de nuit, au moment où Cézanne se fixait à Aix dans le soleil de sa Provence.

*
* *

Un vieil ami de Ricard écrit : « C'était un être exquis, un causeur charmant, curieux de toutes choses. Très modeste, il n'était jamais tout à fait content de ses œuvres, qu'il comparait en admirateur forcené des maîtres, avec celles de Titien, de Velasquez, Rubens et Van Dyck, ses dieux. Il adorait les primitifs allemands et surtout italiens. »

Cette modestie-là n'est qu'une douloureuse ambition cachée dont meurent ceux à qui manque une robuste vitalité.

Ricard, dans un sombre rez-de-chaussée de Montmartre, mélange les huiles et les siccatifs, compose des tons de préparation et des glacis, d'après des recettes retrouvées du xvi⁰ siècle. Il fait peu poser et peint sans relâche après le départ du modèle, corrigeant, effaçant les traces trop vulgaires du travail d'après nature; la séance continue dans la solitude; le peintre suit son idée et s'égare comme dans un labyrinthe où nul gardien ne le dirigera vers l'issue, en cas de découragement; il revient sur ses pas, parcourt des kilomètres, harassé, en pure perte. Il y a dans ce travail solitaire une jouissance morbide, dangereuse comme la morphine; pour le portrai- tiste, presque un non-sens; tout de même, qui en essaie y reviendra, inconscient des heures et de leur fuite... et, la nuit, quelle tentation de prendre une lampe, de retourner au chevalet revoir défor- mée par le pinceau l'image que l'imagination déforme plus encore, lui prêtant des beautés dont l'aurore dissipera le mirage! Et le lende- main, de recommencer! Si les maîtres d'autre- fois ne peignaient pas d'après le modèle, ils des sinaient d'après lui; les portraits, aussi, étaient peints avec des recettes, coloriés à la façon des gravures que les enfants enluminent. Ces recettes, on les enseignait. Pour les retrouver, Ricard a fait un ouvrage de Pénélope. Par ses recherches, ses essais, son inquiétude, il est d'aujourd'hui, et peut-être le premier portraitiste qui, au lieu d'avoir exploité une formule, ne laissera que des études.

Ricard a mis trop de *sentiment* dans ses portraits. C'est la qualité du « sentiment » qui a le plus de chance de « faire dater » un tableau. Rien ne se démode comme le « sentiment », cause des succès rapides et des chutes dans l'oubli; péril pour un J.-F. Millet, si grand artiste tant qu'il n'est pas sentimental. Ricard fait penser dans certaines de ses toiles, mais avec un plus beau métier, à ce Lembach dont le « sentiment » est pour beaucoup dans l'illusion que ses contemporains se firent sur le peintre. Sans préférer la lourdeur d'esprit d'un Courbet ou d'un Alfred Stevens, méfions-nous des psychologues sentimentaux. Ricard, cependant, va parfois assez loin et exprime l'âme d'un temps dont Stevens nous conserva les costumes. Nous lui devons, comme à Carpeaux, nombre d'images typiques de cette époque impériale qui réapparaît sur la scène

quand des directeurs de théâtre tentent de rajeu-
nir les pièces de Dumas fils, d'Augier ou de Sar-
dou, en revêtant les acteurs de toilettes oubliées
depuis quarante ans.

Dans les familles moisissent, au fond d'armoires, les émouvants albums de photographies
qui devraient avoir leur place dans les bibliothèques. Je m'y retrouve dans les bras d'une nourrice bourguignonne à bonnet tuyauté et couronné
des coques d'un immense ruban écossais; puis
petit garçon en chapeau de paille de riz, orné
d'une écharpe à franges, et, sur les oreilles, deux
pompons, à l'effet de me garantir des courants
d'air si redoutés alors par de tendres mères en
crinoline. Nos pères étaient charmants, mais un
peu comiques, avec leurs favoris bouclés, leur
cravate à trois tours, et fort bien pris, ma foi!
dans leurs redingotes et leurs étroits pantalons à
sous-pieds. La photographie ne nous permet plus
d'ignorer nos propres avatars ni la tournure de
nos aînés; mais les cartes-albums se détruisent,
l'image pâlit, et seules survivent les œuvres
peintes, ou modelées par le sculpteur. Et les
bons portraitistes sont rares, à cause même du
portraituré; car si le portrait commandé par une
famille est jugé d'une présentation flatteuse, les

intéressés sont contents et surpris d'un résultat
toujours incertain dans l'aventure qu'est le choix
d'un artiste; au point que si je devais en prendre
la responsabilité, je frémirais, et peut-être m'abs-
tiendrais-je, à moins de désirer un « simple
morceau », peint pour moi seul d'après l'infor-
tuné que je condamnerais à subir des séances de
pose, qui sont un peu du viol.

En général, les considérations relatives à un
portrait peuvent se réduire à celles-ci : ressemblance, présentation satisfaisante, valeur d'art,
mérite technique. Qui ne demande à un portrait
que la ressemblance flattée et l'agrément, le des-
tine à une prochaine relégation dans le grenier,
une fois disparu le Monsieur ou la Dame, et si la
toile ne possède les mérites intrinsèques d'une
œuvre d'art. Celles de Ricard étaient ensemble un
portrait et un tableau grave, digne; Ricard était
qualifié pour peindre un beau portrait qui ne
passe pas de mode. Le cercle de ses clients,
presque tous ses amis, fut restreint, mais une
élite; son nom, ignoré des cours qui s'étaient
attaché Winterhalter, Chaplin, Dubufe le père,
Pérignon et Cabanel; quelques autres encore
étaient assaillis de commandes et recueillaient
une fortune. A côté d'eux, n'exposant point au

Salon, Ricard exécutait un portrait, non sans se faire beaucoup prier, car il craignait de ne pas réussir. A défaut d'une couleur chatoyante et claire, agréable sur les boiseries d'un appartement luxueux, il vous donnait « de la distinction » et une certaine expression rêveuse fort au goût des clients dont l'idéal sera toujours de passer à la postérité, non sous leur aspect véritable, mais « idéalisé ». Moins affecté qu'Ernest Hébert, le peintre des têtes penchées, maladives, aux yeux « chargés de nonchaloir », Ricard inclinait sur des poitrines plates des visages de mélancolie où « couve la passion ». Aux hommes, il donnait une langueur rêveuse, romantique, un front « chargé de fatalité » ; il nouait joliment une cravate sous une barbe soigneusement brossée, répandue en éventail sur une « veste de chambre » en velours ; il prêtait à un financier l'allure d'Alfred de Musset. Un monsieur du temps de Bertall et de Cham, qui se voit tel accommodé, ne craint plus le jugement de ses petits-fils ; ils ne le renieront point. Enfin, les gens du monde qui se piquaient d'être connaisseurs, croyaient faire preuve d'audace en allant à Ricard, comme en achetant des meubles anciens qu'on commençait de rechercher, ainsi que les vieux tableaux ; or, le plus vif désir de Ricard

était que les siens parûssent, sitôt finis, dater au
moins d'un siècle. Il était prêt à faire de vous un
« Rembrandt », un « Titien » ou un « Reynolds ».
Chenavard, infatigable causeur, devait aviver, avec
cette éloquence à laquelle nul de ses confrères
ne résista, le mépris de Ricard pour la peinture
moderne; néanmoins, une toile de Ricard est
reconnaissable de loin, avant même qu'on ne
déchiffre le monogramme G. R., et malgré le désir
qu'eut le peintre de « faire » du Vénitien, du
Flamand ou de l'Anglais. La durée de la peinture
à l'huile, sa conservation : grand souci de Ricard
qui fut si malheureux dans la recherche des procédés chimiques et de la fabrication des couleurs,
des vernis, des « véhicules », des enduits pour
panneaux, alors que Monticelli, le grand coloriste
marseillais, son compatriote, avec des couleurs
médiocres et sur des planches de sapin mal rabo-
tées, obtint une matière si durable !

*
* *

Après la tentative d'une réunion aussi complète
de ses ouvrages, le peintre nous laisse dans le
malaise et l'incertitude; sa peinture « préparée »
s'assombrit au point qu'elle recouvre certaines
toiles comme d'un suaire. A l'aide de mes souve-

nirs, je dégage de son enveloppe cette œuvre non pas difficile, mais qui veut être énigmatique. Une petite santé; des chairs grises ou jaunes se corrompent dans des vernis épais et craquelés. D'ici cinquante ans que restera-t-il de cet artiste incomplet, trop peu spontané, qui réalisa si rarement son beau rêve? Ricard a dit un mot typique à propos d'un portrait datant déjà de quelques années : « Mme X... commence de ressembler à son portrait. » A force de scruter les visages, d'y vouloir « lire entre les lignes », il croyait pénétrer des secrets qui ne se révèlent que plus tard. Les yeux, dont il fit une étude spéciale, n'ont-ils pas tous de l'analogie avec les siens, qui, dans son bel et ardent visage, semblent faire pencher par leur poids la tête sur la poitrine?

La plupart de ses portraits sont comme une reconstitution posthume d'après des souvenirs et des photographies. La tête de *Mlle Louise Baignières* enfant, n'aurait pas plus de réalité que Ricard ne lui en accorda, ce délicieux portrait eût-il été peint de mémoire. On a dit un Reynolds; non point ! un Ricard.

L'opération d'esprit qu'inconsciemment il recommença en face de chaque modèle, substitue Ricard à son modèle. Or, ce n'est point la personnalité de l'artiste qui doit primer dans un portrait si c'est la ressemblance qu'on lui demande ; et tout de même nous devons reconnaître à la fois l'artiste et le modèle. Si le peintre veut avant tout « s'exprimer », il risque de faire œuvre de mauvais portraitiste, ou de ne pas faire de portrait du tout. On dit couramment aujourd'hui : « Qu'importe la ressemblance ? Il est puéril de la chercher ». Mais le client a sa conception à lui de la ressemblance, et cette conception est médiocre, exigeante, à la fois terre à terre et d'un idéalisme assurément fort confus. Enfin le modèle refuse son secret à l'investigation du peintre, à moins que celui-ci ne le force.

Un Courbet, un Renoir ou un Monet sont exaltés par le plaisir de manier de la pâte ; un ton les contentera par sa seule beauté. Ricard, « psychologue portraitiste », effacera un joli ton, le gâtera pour exprimer la vérité psychologique ou plutôt son idéal. Mais cette vérité psychologique, le dessin seul la crée. Un dessin sans caractère de vérité est nécessairement faible. Un dessinateur comme Ingres, qui autant que Ricard songe à un maître, à un style devant un visage, sa main lui obéissant sans peine trace une effigie ressemblante où se marque sa griffe.

L'intelligence sans l'outil de l'ouvrier fait d'un peintre une sorte de martyr. Ricard s'étiole dans son cabinet d'alchimiste où il manipule les dangereuses éprouvettes qui contiennent des poisons. Voici Armand Rolle, le galant conseiller d'État et député du second Empire : nous l'avons connu âgé mais portant beau, quand le dos tourné à une cheminée, il contait une anecdote, un pouce passé dans son gilet, la main droite soulignant d'un geste élégant une jolie phrase qu'il arrondit. Dans un cadre ovale d'ébène, Ricard nous présente ce « beau ténébreux » en héros d'Octave Feuillet ; ceci est juste ; mais le peintre a voulu mettre une énigme dans ces yeux vifs du Bourguignon, et nous donne un agrandissement de Nadar, qui aurait le sourire de la Joconde !

La Joconde ?... Le sourire de la Joconde et ses yeux ? Je me rappelle une visite de Gustave Moreau chez une jeune fille dont je peignais le portrait. Le vieil artiste au lieu de me donner un conseil technique comme Degas ou Manet, me dit : « C'est bien, vous aimez la Joconde ! Retournez au Louvre, interrogez encore ce chef-d'œuvre, non pour le métier invisible que nul ne peut imiter, mais pour la Beauté, le Mystère... » J'avais vingt ans et du respect, je faillis obéir, mais qu'est-ce que Moreau appelait la beauté ? Ricard qui fréquentait assidûment l'ermite de la rue de La Rochefoucauld, trop de fois tenta de recommencer la toile du Vinci.

Il faudrait pourtant mettre à part des portraits plus directs que ces Jocondes des Tuileries et retenir *MM. Charles Le Senne, Paul Chenavard, Gustave Dreyfus, Heilbuth, Ziem, Diaz, Hamon, Marcotte de Quivières*, les trois membres de la *famille Abram* ; plusieurs encore, sont de délicats portraits vivants et de la plus jolie facture. Dans l'exposition où nous les admirions une fois de plus, ils étaient un repos à côté de plus célèbres, telle la *madame de Calonne*, inspiratrice et amie passionnément aimée de Ricard, figure blême, dont les yeux trop grands sont aussi sombres que le halo de bistre qui s'étend jusqu'aux minces narines. Ce sont des gouffres, ces yeux ardents, fixes, terribles, de goule en « mantelet ». *L'enveloppe* savoureuse de cette face lunaire évoque pourtant un cadavre plus qu'une belle femme amoureuse. Il semble qu'un spectre s'interpose entre Mme de Calonne et le peintre qui, à force d'évoquer une âme, n'est plus conscient d'une très charnelle présence. Ce tableau si connu, et qui établit la réputation de Ricard, est, je crois, l'œuvre la plus irritante qu'il ait achevée. Laissons cette erreur d'amoureux pour considérer les toiles où l'artiste fut plus désintéressé et plus calme. Il existe de lui quelques chefs-d'œuvre complets : le portrait de *Mme Paul Borel, née Formeville*; celui de son fils *Maurice Borel*, le délicieux petit garçon en velours noir et à bas rouges que l'on admirait à l'exposition.

Mme Paul Borel, au fin visage de blonde émaciée porte un petit livre rouge dans ses belles mains, parfaites de dessin et de modelé plat, qui reposent sur une jupe du noir le plus délicat ; les manches de mousseline blanche, où transparaissent les bras, relient à un fond gris de perle la gorge découverte et les mains. Cette toile me rappelle à la fois Holbein et Whistler.

Un autre chef-d'œuvre : *la mère de Mme Borel, Mme de Formeville*, reste à l'état de préparation dans une buée grise qui fait pressentir les vapeurs et l'ouate de Carrière ; mais Carrière n'a jamais eu cette finesse spirituelle, ce charme féminin, et quand il ponctuait son camaïeu d'une lèvre rouge, il le désaccordait.

Rappelons encore : *la Marquise de Carcano, Mlle de Carcano* (Musée municipal de la ville de Paris) ; *l'Inconnue* de la collection Sarlin ;

Mme *Henry Fouquier ; M*^{me} *Gaston Paris ; Fromentin ; M*^{me} *Félix Abram ; le Comte et la Comtesse de Brigode ; M*^{me} *Charles Roux* et surtout *Mistress Stephenson et son enfant* (collection de M. le Duc de Guiche) qui font oublier les *M*^{me} *Szarvady* et autres dames d'une agaçante mièvrerie ou d'une passion trop littéraire.

Il n'eût pas été pour déplaire au modeste et orgueilleux Ricard qu'un jour à venir une partie de son œuvre détruite, une seule de ses toiles fût retrouvée par quelque amateur, chef-d'œuvre impossible à attribuer à aucun peintre moderne et à propos duquel des experts savants discuteraient comme d'un Giorgione ou d'un Léonard. Supposons que ce fût la tête véritablement « énigmatique » de Mlle de Carcano, ou qu'au fond d'un magasin fût découvert le portrait de Mistress Stephenson. Quelle surprise !... La composition en est classique ; une mère tient sur ses genoux un enfant nu, la main sur la bouche comme le divin Bambino ; la jeune femme tourne vers son fils une petite tête fine aux mâchoires accusées d'Anglaise ; cette madone porte un « canezou » de velours noir, de mode à la fin de l'Empire. Le fond est un paysage fantastique et réel de primitif italien, sur un ciel de Gainsborough.

Le portrait de la marquise de Carcano est d'une somptueuse polyphonie. Le rouge, le jaune bouton d'or et le bleu de lapis-lazuli dansent une ronde joyeuse autour d'un blanc moiré et lamé de laque rosée, de gris bleuté et de maïs, à peine plus clair que le visage, seul irréel au milieu d'accessoires très rendus. Cet étrange et captivant tableau était le début d'un développement original, que la mort interrompit quand la lumière allait peut-être faire irruption dans la caverne du sorcier.

Ricard, qui fut le portraitiste de l'École de Fontainebleau, des Diaz, des Théodore Rousseau, n'appartient pas plus à leur époque qu'à la nôtre ; on ne sait comment le classer. Aussi bien, son exposition rétrospective fut inopportune à côté d'une collection radieuse de l'école dite « impressionniste », école où les élèves bénéficient du prestige de leurs maîtres ; or, parmi ces élèves, combien d'eux inférieurs, en tant qu'hommes, à Ricard sont déjà classés dans l'histoire !

Le malchanceux Ricard est comme une nébuleuse dans un ciel chargé d'étoiles. Il pâlit même à côté du fragile Fromentin et de ses camarades dont il se serait plus tard séparé : liaisons que son amitié l'empêcha de juger dangereuses.

APRÈS UNE VISITE A LOUIS DAVID

Paru dans
la *Nouvelle Revue Française*, 1913.

Si l'on dressait une liste d'artistes français qui
ne pouvaient être que des Français, il faudrait
inscrire le nom de Louis David en première ligne.
Aucun n'eut, autant que lui, les caractères par-
ticuliers à notre race. J'en fus deux fois frappé
au retour d'un voyage en Toscane. Je m'étais
arrêté à Avignon, où je savais trouver une étude
de nu pour le *Bara* de David. Une journée plu-
vieuse dans l'affairée ville de Lyon, me permit
encore de voir un portrait plus qu'aucun autre
significatif : *la Maraîchère*, dit le catalogue, mais
en vérité une Tricoteuse de la Révolution.

Je ne sais pourquoi, Lyon me parut un cadre
approprié pour la sèche et déplaisante figure de
ce grand peintre, de cet homme qui repousse

notre sympathie, malgré l'admiration qu'il commande. Lyon offre l'aspect dur de notre vie nationale et, dans les rues, les visages ont l'expression tendue des gens d'affaires et des ouvriers d'usines, pour qui le repos n'est pas un loisir. Je passai plusieurs heures dans le magnifique musée, si riche en œuvres de toutes sortes, si bien classé, et égal aux meilleurs d'Italie. Mais parmi tant de chefs-d'œuvre, c'est la Tricoteuse de David qui me retint. Encore pénétré de beauté voluptueuse, tendre ou noble, la mémoire remplie de souvenirs charmants, je rentre chez moi pour être accueilli par cette virago : une Parisienne de 93. — Ah ! ces cheveux en broussailles sous la fanchon, ce cou, cet œil envieux, le rictus de cette bouche faubourienne prête à lancer l'invective ! Regardez cette mégère : David, à certaines minutes, sentit comme cette femme, agit peut-être comme elle. Ils eurent les mêmes haines de parti.

Dès mon arrivée à Paris, je m'en fus au Petit-Palais, où l'on expose, deux ans après l'œuvre d'Ingres, celle de son maître, et quelques toiles de l'école davidienne. Il paraît que cette exposition est un triomphe ; elle étonne. Ne vous étiez-vous pas avisés que David fût un grand peintre ?

Et cependant *la Distribution des Aigles* est à Versailles, et *le Sacre* au Louvre, avec tant de portraits aussi vivants dans leur simplicité un peu froide, que les plus beaux qui jamais aient été peints... Vous croyez réhabiliter David? Vous l'aviez oublié. Vous retrouvez, dans un local nouveau, David entouré de son école et ce fort « ensemble » comme toute œuvre ordonnée s'impose aujourd'hui dans l'attente, l'inquiétude et la division.

Je croise Pierre Bonnard, qui me dit devant *la Lecture de l'Enéide*, par Ingres : — C'est la révélation de David! Dans cette école, Ingres est le commencement de la décadence : avec lui la littérature et l'afféterie vont tout gâter...

Loin de partager cette opinion, je sens croître mon admiration pour Ingres, pour son goût, sa volupté, son trouble d'artiste, je l'aime encore plus, de le voir ici près de son maître et de ses camarades. Tout de même, une visite à David aura peut-être en nous des répercussions plus directes et je comprends la surprise de P. Bonnard, qui sort des Indépendants et rencontre Louis David, « le colonel des pompiers », le « rotulard », « le Romain », l'académique contempteur de notre xviiie siècle pimpant, facile et féminin, dont Re-

noir et Bonnard sont l'ultime descendance. On ne
se souvenait que des *Horaces* et du *Bélisaire*, gravures reléguées dans les arrière-boutiques du
bric-à-brac avec des pendules de bronze de la
Restauration. Verhaeren n'écrivait-t-il pas ici
même : « Je sais combien le bibelot séculaire
évoque de joie rare et discrète; je sais la beauté
des ruines : je leur préfère pourtant *n'importe
quoi* de ce qui vit et se crée à cette heure et tout
ce qui resplendit grâce à l'effort d'aujourd'hui ? »
Or David est avant tout vivant, ce farouche doc-
trinaire affirme, et c'est du doute que nous
souffrons.

J'avais eu l'imprudence de faire un tour au
Salon en me rendant au Petit-Palais. Après l'Italie,
les Salons sont toujours une épreuve pénible. Que
j'y participe, ou que plus sage je les aie évités,
je n'y pénètre jamais sans angoisse. Pourquoi
tant de talent et de travail jetés comme à plaisir
dans le torrent qui emporte tout indistinctement
vers l'oubli définitif? Sensation d'inutilité décou-
rageante, insupportable, d'être dans une bande
de cosmopolites, les bateleurs d'une permanente
rue des Nations où se tient notre théâtre : Entrez!
Admirez-nous, promeneur ! nous sommes si faciles
et si complaisants !... Mais le promeneur s'éloigne,

car il ne sait pas choisir dans ce concert de voix discordantes.

J'ai traversé l'avenue Alexandre-III pour saluer Louis David, un vrai Français, celui-là. Désagréable, dur, oui ! comme la Maraîchère ou la Tricoteuse du musée de Lyon. Je regimbe, j'ai peine à reconnaître en lui un ancêtre. Sommes-nous faits de même ? Avons-nous cette sécheresse et ce prosaïsme raisonneur ? Mais si j'écarte le politicien, le triste politicien à la française que fut David, « faible et versatile », comme l'écrit naïvement Delécluze — je ne puis m'empêcher de me dire tout bas : voilà peut-être *notre* vérité : un art direct, facile même quand il paraît tendu, un art réaliste, un bon métier d'ouvrier consciencieux à la Jacob ou à la Riesener ; quelque chose de « bien fait », de discret, qui ne jette pas de la poudre aux yeux ; une langue qui exprime au plus près ce qu'elle veut dire, avec précision, la bonne langue française, qui dans sa pauvreté de mots, a toujours raison contre l'écrivain prêt à s'en plaindre.

La technique française se signale pendant deux siècles par sa simplicité, sa logique et sa clarté. A part quelques peintres qu'influèrent les Flandres ou Venise, tel que Watteau, la technique fran-

12.

çaise n'a pas beaucoup de saveur, dédaigne ou ignore les jus, les pâtes compliquées et les épices. C'est Delacroix, le romantique, qui traverse la Manche, découvre Constable, Reynolds et nous rapporte d'Angleterre des façons plus mystérieuses de rendre le clair-obscur ambré, le jeu des reflets et les chaudes harmonies. Le bitume alors coulera avec les huiles et les siccatifs ; ce ne seront plus que recettes étonnantes de « fonds de jus » dans des cuisines de gourmets. Et les tableaux commenceront à mal se conserver, car les sauces trop savantes sont nocives. Le « métier » du xviie et du xviiie siècle, celui d'un Lesueur, d'un Poussin, d'un David, c'est souvent, sur un « dessous » roussâtre, un dessin plus ou moins nerveux, qui laisse transparaître le panneau ou la toile. C'est un dessin colorié, du dessin au pinceau, plutôt que de la peinture à proprement dire ; non pas un coloriage d'imagier à la manière des primitifs, mais une sorte d'improvisation sur un thème très simple ; de la liberté que règlent l'intelligence, les lois apprises et la Raison.

Jusqu'à 89, David eut beaucoup en commun avec ses prédécesseurs immédiats. Mettez à part le tempérament et l'esprit de l'homme, vous dis-

cernerez dans maintes de ses compositions académiques, des procédés, des tours de main où
Fragonard lui-même s'est complu dans sa jeunesse. Un frottis monochrome recouvre d'abord
la toile entière; ensuite, les accents de la lumière
sont posés en touches vives; puis une demi-teinte
plate; une ombre chaude, ponctuée de touches
froides et moins empâtées. Pour finir, la forme
est cernée par des indications rouges qui déli-
mitent la lumière et l'ombre : excellent système
enseigné dans les ateliers et le meilleur pour
donner rapidement du relief aux figures.

Regardez le *Sénèque*, le *Bélisaire*, l'*Andromaque*,
le *Stanislas Potocki, Apollon et Diane :* même dans
Pâris et Hélène, David est encore un peintre du
XVIIIe siècle.

D'où vient l'ennui que dégagent ces toiles
conçues dans le même temps, ou peu après, que
le maître de Grasse vaporisait ses parfums sur
les murs des boudoirs? J'ai relu l'histoire du
théoricien et de l'odieux sectaire, l'un de ces
bourgeois français de la Révolution, qui crurent
être de sublimes Catons et portèrent le bonnet phrygien comme une tiare pontificale. Le
grave et pompeux Homais! capable d'ailleurs
de s'adapter aux différents régimes, ayant le

tempérament du classique fonctionnaire français. La Révolution allait donner à cet homme
ennuyeux une occasion de manifester ses plus
vilains penchants. Quel Prudhomme brutal et sans
pitié ! Il célèbre le Bien, le Beau et le Vrai, un
pistolet dans sa poche. Ce moralisateur a une
mission. Il purifiera l'atmosphère ; il morigène la
société et en la décapitant croit ramener l'Age
d'Or. Je pense à David en lisant les pages pape-
lardes de Michelet : *Religion nouvelle. Fédérations.
Juillet 89-90 :* « *Le vieillard entouré d'enfants a pour
enfants tout le peuple* ». « *Les hommes se voient alors,
se reconnaissent semblables, ils s'étonnent d'avoir pu
s'ignorer si longtemps, ils ont regret aux haines
insensées qui les isolèrent tant de siècles, ils les expient,
s'avancent les uns au-devant des autres, ils ont hâte
d'épancher leur cœur.* »... « *Les cœurs débordèrent, la
prose n'y suffit pas, une éruption poétique put soulager,
seule, un sentiment si profond ; le curé entonna un
hymne à la Liberté ; le maire répondit par des stan-
ces ; sa femme, mère de famille respectable, au moment où elle mena ses enfants à l'autel, répandit aussi
son cœur dans quelques vers pathétiques...* »

Il était fatal que David inventât le néo-romain,
le faux grec de tragédie et répudiât le xviiie siècle
aimable. D'un cœur tranquille, il eût conduit son

meilleur ami à l'échafaud, et, soignant les plis de
sa toge, eût cru d'agir en héros de l'antiquité
David, sans sa peinture, eût été le type le plus
médiocre d'un révolutionnaire du second plan.

Michelet et combien d'autres grands artistes,
issus de générations élevées dans le culte anti-
clérical de la Révolution, la parèrent pour nous
d'une beauté épique et sentimentale. Une terreur
sacrée paralysa les cerveaux ; depuis cent ans, toute
critique était interdite ; mais ces héros, nous les
voyons maintenant plus prosaïquement humains.
Dans *Les dieux ont soif*, ce curieux livre de M. Ana-
tole France, le drame ne se joue plus derrière les
feux de la rampe, mais bien parmi nous ; et
nous reconstituerions vite un David préparant
sans inquiétude le portrait de Mme Chalgrin, tandis que le couperet, sur l'ordre du peintre,
s'apprête à trancher cette maigre gorge.

Ce portrait est resté à l'état d'ébauche, parce
que la tête du modèle tomba sur l'échafaud avant
que... ? et ainsi eûmes-nous l'occasion d'apercevoir
« les dessous » d'une peinture de David, qui n'eut
pas le temps de l'achever et de la refroidir : la
violence des convictions du Terroriste avait
anéanti celles du peintre.

Dans les temps modernes, nous nous lassons

vite des Muses et des Héros, même si ceux-ci
revêtent la forme néo-impressionniste ; qu'est-ce
qui nous prouve que le « nouveau style » décoratif,
le plus en faveur, ne se démodera pas plus rapidement que les Bélisaires et les Sabines de David?
Ce grand artiste n'avait pas d'hésitations, il savait
ce qu'il voulait et ses toiles académiques devaient
servir de décor à d'énormes événements.

Je sens d'odieuses réactions se préparer dans
la coulisse ; on va tenter de galvaniser les Grecs
et les Romains académiques ; déjà certains délicats sortent de sous son globe à ganse de peluche,
la pendule au *Serments des Horaces ;* casques et
boucliers nous menacent d'un regain de popu-
larite. Pas plus que M. Verhaeren, nous ne voulons de ce bibelot-là. Gardons un peu de mesure
et jugeons. David, en tant que peintre d'histoire,
perd dans cette exposition une part de notre
admiration, si complète d'ailleurs pour le portraitiste. Je vois bien ce qu'il y a de raisonnable,
d'équilibré, d'*organisé,* dans cet art de la composition ; mais qu'on ne nous dise pas que le Bélisaire est un chef-d'œuvre. Si l'École française
devait se soumettre au dogmatisme de David,
elle serait encore plus menacée qu'elle ne l'est de
décadence.

« La doctrine que David a professée sur les arts et dont on peut chercher l'ensemble dans ses divers discours prononcés à la Convention, elle est toute théorique et se rapproche des doctrines dogmatiques que quelques philosophes de l'antiquité et surtout les corps ecclésiastiques ou sacerdotaux des temps modernes ont voulu établir. L'art dans ce cas n'est plus un but, mais un moyen... » écrit Delécluze.

Ceci serait d'ailleurs au goût d'aujourd'hui, mais le système et les idées de David sont d'un « primaire » et d'un cuistre à la fois. D'enthousiastes disciples allèrent jusqu'à établir un parallèle entre David et Platon, comparer leur « génie », parce que chacun d'eux avait adopté un principe et soi-disant inattaquable. La peinture tendant de plus en plus vers le système, j'entrevois la façon dont on va travestir le solennel faiseur de discours, le rhéteur. Nous sommes toujours prêts à créer de nouveaux malentendus, nous nous complaisons dans les paradoxes. Les néo-impressionnistes vont réclamer David : ne riez pas ! Ils défendront David *stylisateur*. Attendons ces jeunes réformateurs à ce qu'ils appellent *le tableau, la composition, la logique* et cætera et cætera... David et Poussin !

David fut d'une inconcevable indigence d'imagination. Sa vision de l'antiquité n'a ni la grâce du xviiie siècle ni le piquant orientalisme et la saveur archaïque — comme d'un primitif — de J.-D. Ingres. — David, sans le soutien de la nature, dès qu'il doit *imaginer*, fait banqueroute. Il lui fallut les pompes du Premier Empire, pour rassembler et créer des chefs-d'œuvre, tels que *Le Sacre* et *La Distribution des Aigles*. Comblé d'honneurs par Napoléon, on le sent trop heureux de troquer la tunique du Romain contre les galons et le frac à passementeries du fonctionnaire de l'Empire. Son pauvre esprit de parvenu, brigueur, amoureux des grades, est plus à l'aise dans les réalités de la gloire impériale que dans ses rêves et les visions antiques. J'aime David quand il cesse de styliser consciemment, j'aime le réaliste un peu terre à terre, mais vigoureux. Je l'aime quand il n'arrange pas la nature, mais la copie avec cette belle naïveté lourde de la plupart des bons artistes français. Ayant à peindre le tambour Bara, que fait-il ? D'après une jeune fille nue, il modèle comme un bon élève une étude de chairs palpitantes (musée d'Avignon) ; pour *Le Serment du Jeu de Paume*, il dessine soigneusement des académies destinées à être ensuite revêtues de costumes historiques : à toutes les étapes de sa longue carrière, le bon élève devenu professeur est là, qui veille. David est consciencieux, sérieusement attelé à sa tâche comme un brave ouvrier d'autrefois, dont il a le visage grave, l'expression dure et tendue vers un seul objet. Ne discutons point avec lui, car il n'admettra pas qu'il puisse se tromper. Oui, c'est le type éternel du sectaire politicien, l'homme d'une seule idée à la fois — si naïf et si faible, souvent, dans son idéalisme humanitaire de gros mangeur.

En visitant le Petit-Palais, mes souvenirs encore tout frais, je comparais l'image de la Tricoteuse de Lyon avec celles que David nous a laissées de lui-même : chez cette femme du peuple, et chez le Terroriste, je vois surtout l'obstination et l'opiniâtreté. C'est bien cet homme défiguré par une tumeur, qui dénonçait Mme Chalgrin au moment où il croyait l'aimer.

N'a-t-il pas voulu faire détruire une madone de Houdon, laquelle eût été brisée sans l'à-propos de la femme du statuaire, protestant que cette Vierge était une Minerve ? Houdon décapité, son œuvre réduite en poussière par David, David iconoclaste par passion politique : pourquoi pas ? Le culte de la Raison !

13

Mais ne nous rappelons que le grand peintre de visages. C'est dans le portrait qu'il excelle. En présence du modèle, le théoricien s'anéantit, il ne se croit plus obligé pour « être grec » comme il disait, de supprimer l'expression ; il redevient l'enfant aux yeux éveillés, que doit être le portraitiste ; et l'on peut être un magnifique artiste, comme il le prouve, sans avoir le génie qu'implique l'œuvre de pure imagination.

Un ton gris, plat, que ce soit un ciel ou un mur, peu importe ; sur ce « fond » une personne vivante, que David fait comme sortir de la toile, avec les plus simples moyens. Il « descend » sa figure, une fois la silhouette indiquée d'un exact trait au bistre, peignant d'abord les cheveux, puis le visage, les vêtements et enfin les mains un peu à la manière de M. Vallotton : Un ouvrage mécanique de M. Vallotton, qui peut s'arrêter quand bon lui semble, aller déjeuner, puis revenir à son chevalet, et continuer sans nulle trace de la « reprise », sans énervement. C'est mathématique, propre et très froid : du *style* pour les Indépendants. Pourquoi, néanmoins, ce métier impersonnel, mais si sûr et si uniforme, peut-il recréer de la vie palpitante ? Comment David atteint-il à la plus grande beauté ? A ce point de réalisation, n'est-ce pas en somme du grand art, cette copie de la nature ? Sans le savoir, il arrive à David, au moment où il ne prétend rien prouver, de nous faire penser à la statuaire antique dont il fait, ailleurs, du biscuit de Sèvres. Aucun peplum, même d'*Andromaque* ou des *Sabines*, n'a le style de la robe à l'antique de la bonne grosse *Madame de Verninac*, ou de l'admirable portrait de *Madame Récamier ;* d'ailleurs une « préparation ».

David eut plusieurs manières, correspondant aux régimes qu'il servit. Le David ami de Marat découpe une silhouette comme avec une pointe sèche ; sous Napoléon, le courtisan s'étoffe un peu et voilà ces fortes effigies, un peu comiques peut-être, de sa femme, sorte de Madame Sans-Gêne, embarrassée dans la peluche incarnate, sous ses plumets de cour ; voici celles de la *Baronne Jeannin* et de la *Baronne Meunier*, les filles de l'artiste, car David est devenu père de ces grandes pimbèches. En se haussant dans la société, il semble « engraisser » sa pâte, s'amuser, la brosse en main. Voici l'ambitieux satisfait, qui a rejeté bien loin sa vertu et qui abandonne ses principes. L'histoire entière des premières années du XIXe siècle est lisible dans ces portraits. L'âme du modèle se reflète dans le miroir de l'impassible observateur.

Tout de même, un souffle héroïque fait claquer les drapeaux, les Aigles impériales fulgurent dans le ciel d'orage ; et ce souffle traverse l'œuvre du peintre qu'il anoblit. Après la Révolution, l'austère politicien ne dédaigne pas de descendre dans le cirque où vont défiler les cortèges et les chars dorés du nouveau monarque. Il tient son sérieux, sous l'uniforme du courtisan. Il semble que la Légion d'Honneur, l'Institut, tous les nouveaux titres aient été conçus et décrétés pour récompenser le type de Français qu'incarne Louis David.

Oui, David est Français, jusqu'à nous troubler de le voir tel, ce grand artiste, et ressemblant à tant d'autres que nous préférerions oublier. Aussi bien, ses faiblesses peut-être autant que ses exceptionnels mérites, servirent le chef d'école qu'il est si important qu'il ait été. Ne lui devons-nous pas l'hommage de notre reconnaissance, plus que pour son œuvre personnelle, d'avoir préparé la venue d'Ingres, donc le retour de la Beauté, redescendue enfin du nuage où elle s'était trop longtemps cachée pendant les heures où la terre était sombre ? David le révolutionnaire apprête le XIXe siècle, met dans la main du peuple de France une clef pour ouvrir les grilles du magnifique parc royal où les jardiniers feront des planches de légumes sous les arbres taillés des quinconces, et cultiveront, dans les serres chaudes, des fleurs nouvelles et rares comme les précieuses orchidées.

QUELQUES MOTS SUR INGRES

Pour la *Revue de Paris.*

En rentrant d'Italie après un assez long séjour d'études à Rome et à Florence, je trouve à Paris une petite exposition de peintures et de dessins d'Ingres. Le nom de Ingres, avec celui de Corot, m'a poursuivi pendant ces derniers mois dans l'enchantement des visites aux musées et les promenades dans la campagne et les villes d'Italie.

Pour un Français de mon âge, un peu du plaisir toujours nouveau qu'offre cette terre de beauté et de joie, est dû au souvenir de conversations, de récits familiaux où certains noms de poètes, de romanciers, d'artistes depuis longtemps morts, revenaient sans cesse. Quant à moi, je ne puis songer à Rome, sans qu'aussitôt la figure de M. Ingres m'apparaisse, entre Corot et Stendhal.

Il y a peu de semaines de cela, par des matinées grises et douces de fin d'hiver, un jeune pensionnaire de la Villa Médicis me contait ses troubles, ses inquiétudes, en faisant les cent pas dans les allées bordées de buis, sous les sombres chênes-lièges. Tous les lauréats ne sont pas des sots et certains de nos jeunes compatriotes, forcés de demeurer quatre ans sur les hauteurs du Pincio, souffrent d'une pénible indécision. Ils n'ont plus de direction, car nul maître n'oserait, s'il le pouvait, en donner une à des échappés de l'École des Beaux-Arts, le plus souvent sans culture, sans notions de ce que la Ville Éternelle comporte d'enseignements pour tout homme de pensée : musicien, peintre, sculpteur, écrivain, même architecte d'aujourd'hui.

La vie à la Villa Médicis est devenue une sorte d'anomalie.

Je l'ai connue du temps de M. Hébert, déjà somnolent ; mais M. Hébert, quoique fort âgé, continuait une tradition qui lui venait de M. Ingres.

Plusieurs hommes, aujourd'hui disparus, surtout Gounod dont les récits étaient si vifs et imagés, savaient sur M. Ingres à Rome, des anecdotes qui ont réjoui notre enfance. Le vieux

peintre reste pour nous une figure bourgeoise,
tenant du maître d'école, de Joseph Prudhomme
et du notaire de province ; non sans ridicules,
solennel, l'air toujours furieux, nous l'imaginons
haut cravaté dans sa redingote à la grosse rosette
rouge, se courbant bien bas pour saluer la comtesse d'Haussonville ou Mme la duchesse de Broglie,
mais sujet à emportements et aux caprices, sus-
ceptible et pincé comme il le fut avec M. le duc de
Luynes ; comique dans l'expression de ses idées,
entier, buté, partial et injuste... et, avec tout
cela, sublime, touchant, admirable. M. Ingres a
dit plus de paroles importantes dans leur solen-
nité pontifiante et bourgeoise, que le romantique
Delacroix, avec tout son génie et sa culture.

Du petit volume d'Amaury Duval et des autres
souvenirs qui furent recueillis par des élèves ou
amis du maître, il se dégage plus de sens que de
tout le journal d'Eugène Delacroix.

M. Ingres est un prodige.

On donnerait beaucoup pour avoir été gour-
mandé par lui, avoir nettoyé sa palette ou subi
ses exercices sur le violon que M. Jan Kubelik
vient de faire vibrer à nouveau dans les galeries
de Georges Petit — non que cet hommage naïf
ne prête un peu à rire, comme d'ailleurs tout

13.

ce qui se rapporte au singulier et vénérable bonhomme.

M. Ingres fut un professeur, un tyran, sans
hésitation, sans un doute sur les vérités qu'il
enseignait et dont il s'était fait un code. Il eut
une École, des disciples, dont nul ne saurait nous
être indifférent, parce que tous surent obéir et
admirer dans une absolue communion d'idées et
de foi avec le maître. Malgré ses airs guindés de
pédagogue intransigeant et étroit, il eut l'esprit
le plus original et le plus personnel... et du
trouble!... Ingres fut un émotif voluptueux.

Son œuvre est le produit de ses vertus et de
ses passions cultivées jusqu'à la folie. Nous ne
voyons aujourd'hui qu'un seul peintre, M. Degas,
qui incarne de même toutes les particularités d'un
maître moderne, à la fois indépendant et original
et profondément, étroitement et pieusement traditionnel.

Rappelez-vous ce beau dessin qui représente
M. Ingres de face, les sourcils froncés, prêt à bondir sur le premier romantique qui va passer :
il écrit au-dessous : *Ingres à ses élèves.*

Quel bienfait serait-ce aujourd'hui pour les
jeunes gens de la Villa Médicis ou d'ailleurs, d'être
ainsi regardés par un maître furieux, qui sait

pourquoi il l'est, contre quoi il va partir en guerre et devant l'autel de quel dieu il s'agenouillera pour demander la victoire !

Nous connaissons au moins l'une de ces figures divines du culte le plus cher à J.-D. Ingres : c'est la Madone aux pieds de laquelle il agenouilla, dans le *Vœu de Louis XIII*, le monarque anguleux et froid, sous le manteau fleurdelisé. Nous savons de quel sanctuaire sont sortis les deux petits anges qui « hanchent » et tournent des yeux dessinés comme des nombrils, dans le coin droit de cette toile officielle, sans charme mais si intéressante ! C'est en Italie, c'est à Rome que se produit cette théophanie. Et M. Ingres pourrait être, lui-même, sous les plis du velours royal, en extase, ravi d'admiration et d'amour, en face de la Vierge et de l'Enfant divin, tels que le Sanzio nous en donna la représentation.

Le type féminin — idéal — de M. Ingres, c'est un composé de la Fornarina et de la première Mme Ingres. Fornarina de 1830, à moitié italienne, à moitié française, une bonne grosse dame ronde.

Un modelé uni et plein, qui élargit les visages, arrondit les plans dans les tableaux de fantaisie — je veux dire dans ceux qui ne sont pas des portraits — prend une apparence soufflée, au premier abord repoussante. Le modelé simplifie tout, mais arrondit les formes, développe le cou, les joues, au détriment des traits. Les nez n'ont point d'ossature ou de cartilages apparents ; les yeux rentrent dans la formule d'une amande dont le fruit serait détaché de l'écorce, tout en y étant laissé. Les oreilles, remontées dans les tempes, deviennent des schémas d'huître très fine.

La rondeur — le plus souvent déplaisante et molle — (elle l'est parfois même chez J.-D. Ingres) — garde le vrai grand style. Ses « odalisques », modèles d'atelier, mannequins que recrée le magicien, quand il dépose son crayon et se met à peindre en tournant le dos à la nature.

Il appartient à la grande famille des maîtres qui auraient souri d'un tableau exécuté, séance après séance, car « la nature » arrête l'élan du peintre et le distrait de son idéal. On dirait que M. Ingres portait toujours sur sa rétine l'arabesque que fait « la Vierge à la Chaise » dans la sphère où elle se love comme l'enfant dans le sein de sa mère.

Il se régale à suivre ces volutes qui se fondent l'une dans l'autre comme des vagues : l'ininterruption de la ligne courbe, du mol paraphe qui descend du turban de la Madone le long de

son châle, **et remonte** avec le bras droit pour devenir l'Enfant Jésus; il semble qu'Ingres s'en sou-
vienne dans la plupart de ses compositions; et
même dans quelques-uns de ses portraits (Mme Rivière, Mme de Sénonnes). Mais surtout dans ses
toiles de chevalet, il s'abandonne comme un
ornemaniste, qui supprimerait de la géométrie
les **angles**.

Dans le *Saint Symphorien*, l'arabesque va jusqu'au vice et la déformation est sur le point de
devenir difformité. Cette toile reste pourtant la
dernière expression d'une manière. Les corps
masculins d'une anatomie michelangélesque, des
sortes d'écorchés stylisés, avec des muscles que
nous ne connaissons plus : tout est concerté en
vue de l'effet et du style, tout est réduit presque
à des formules. L'artiste semble donner les règles
du rythme qui allait dans l'avenir préoccuper
tant de peintres et de sculpteurs.

Malheureusement, ce suprenant tableau n'est
pas à la galerie Georges Petit. Rappelez-vous la
mère qui serre son bébé dans ses bras enflés ; les
autres enfants bouffis et caricaturaux ; le cheval
de bois du soldat-joujou qui domine la composition pyramidale. Chaque figure, en vue de l'équilibre général, n'est plus qu'un signe dans

un langage convenu, nouveau, créé par le peintre.

La *Bain turc*, commande du Prince Napoléon, carré d'abord, fut coupé en un rond : la cause en fut, soi-disant, l'indécence de l'almée qui, à droite, dans une esquisse dont j'ai la photographie, se renverse avec une attitude si voluptueuse, que l'auteur dut par la suite supprimer les parties basses du corps. Ici, la déformation est plus marquée, si c'est possible, que dans le *Saint Symphorien*. C'est un étrange tableau, froid d'aspect et pourtant aussi capiteux qu'un ballet russe ou qu'une miniature persane. Ces dames aux yeux hagards sont des chattes amoureuses dont les membres se confondent dans un grouillement de vers de terre, si j'ose m'exprimer ainsi à propos de ces « damnées »... Les poèmes de Baudelaire n'ont pas plus de fiévreuse emprise, que cette toile singulière ; vision érotique d'un vieillard qui fut un prêtre exalté de la beauté féminine. Œuvre morbide, sensuelle et peinte avec la continence d'un primitif. Dans la première version (carrée), deux négresses coiffées de pointus capuchons, les yeux blancs brillant dans l'encre de leur peau, ajoutent encore à la bizarrerie de ce savoureux et glacial tableau. Qui

possède donc, et qui nous montrera cette préparation ?

La perle de l'Exposition n'est-ce pas l'exquise
Odalisque à l'esclave, réduction de l'*Odalisque* de
la collection Péreire ? Ici, la couleur a la séduction
et l'inattendu, le piquant d'un Piero della Fran-
cesca ou d'une gouache hindoue. Et quel « métier invisible » ! Métier de miniature et de
fresque.

Terburg, Vermeer de Delft, Giorgione, Titien,
enfin tous les plus prestigieux « exécutants » sont
battus par le raphaélisant J.-D. Ingres.

Dans l'*Angélique*, — dont la réduction est belle
comme un précieux joyau d'émail, — dans les
différentes Odalisques, dans la Thétis, il siérait
de distinguer, sous l'exécution qui déconcerte nos
yeux — et que Gérome enseigna plus tard. — Sous
ce « *linoleum* », admirez la sensibilité de la ligne
et la transposition si subtile de formes classiques,
grecques, en une « chinoiserie » qui choqua tant
les contemporains de M. Ingres, auxquels il s'imposa
par une apparence d'académisme. Incompris, il
fallut la perspicacité de Baudelaire pour rendre
justice à M. Ingres — et un peu à contre-cœur,
semble-t-il.

Ingres est à la mode... enfin ! Lui aussi, comme

Poussin? Mais... Ingres aurait un accès de colère, s'il voyait la peinture de ceux qui se réclament de lui (1).

Pourquoi est-il à la mode? Toutes les écoles le revendiquent. Connaissez-vous quelqu'un, à l'heure présente, qui le nie?... Il faut beaucoup de courage ou de naïveté, ou venir de la province, pour attaquer le grand homme, soit dans un atelier, soit dans le monde. Ingres est tabou!

Il sera tenu pour « un initiateur », *surtout* pour n'avoir pas cherché à rendre en peinture la troisième dimension... On ne veut plus de la troisième dimension dans la représentation des objets sur une surface verticale... Ingres sera loué par « l'avant-garde » pour son sens de la *déformation*.

M. Bernard Berenson, historien américain de l'art italien, dans un brillant morceau sur « Raphaël, aboutissant de la Renaissance », ne dénie-t-il pas à Raphaël « le génie »? A côté de Michel-Ange et de Paul Cézanne, — favoris en 1911, — M. Ingres est « assis » de force par nos théoriciens. Est-ce

---

(1) Dans ce livre, fait d'articles de revues, l'auteur ne s'est pas cru permis de supprimer les « redites ». Ces articles s'adressaient à des publics différents et traitaient d'une matière où ces « redites » sont inévitables, à propos d'artistes modernes.

donc pour les raisons qu'en donnent les plus
audacieux « déformistes », que, l'œuvre de M. Ingres
est si « important » (1)?

Il faudrait, en faisant le tour des galeries Georges Petit, commencer par le torse d'homme qui
obtint le prix « de la demi-figure peinte » à l'École
des Beaux-Arts de Paris en 1800. Ce torse explique l'œuvre entier du maître. Un élève, presque
un enfant, en 1800, a vu ainsi, et rendu avec
cette noblesse, ce scrupule, un modèle d'atelier.
Pas le moindre trompe-l'œil ; point de bitume,
aucune trace de l'enseignement en faveur chez
David. Regardons cette « académie » de rapin,
car cet écolier sera l'auteur des portraits de
Mme de Sénonnes et de M. Bertin, de l'*Hémicycle*
et de l'*Age d'or*. Attardons-nous devant ces innombrables petits cadres de dessins, — têtes ou
« nus ». Ingres est transporté d'une frénésie
sacrée dès qu'il est en face de la nature, mais il
ne donne pas un coup de crayon sans se référer
à l'antique, à Raphaël ; il est de Florence et de
Rome. Voyez deux paysages minuscules de la

---

(1) « *Important* » — comme tant d'autres mots que je souligne
sont dans le jargon du jour. M. Druet l'emploie, dans son magasin,
comme ses prédécesseurs le mot « *amusant* » — au temps où la
peinture s'achetait dans la rue Laffitte.

Ville Éternelle : deux Fra Angelico modernes. Un dessin, étude de femme nue pour cet *Age d'or* qui est à Dampierre : la réalisation, tout ingénue, de ce que Puvis de Chavannes a poursuivi sans jamais l'atteindre. Ne laissez passer aucun des portraits à la mine de plomb qui vont de 1797 à 1840, surtout ! Car ce sont les tours de force d'un virtuose à la Paganini, et qui aurait l'âme d'un Holbein.

Il faut se placer au milieu de la grande salle, de façon à voir d'ensemble tous les panneaux ; puis comparer le portrait de la *Duchesse de Broglie* (1853) à celui de *Madame de Sénonnes*, ou à la *Vicomtesse de Tournon* (1812) ; le *Bartolini* (Florence, 1820), au *Comte Molé* (1834). Le sculpteur, avec ses tons chauds, la matière grasse de ses chairs, de son habit, des breloques pendues à sa chaîne, est traité comme un étourdissant morceau de nature morte, où la rigidité de la forme cernée ne nuit point à la puissance évocatrice de la physionomie. *Le comte Molé*, au contraire, lisse et comme en toile cirée, est par endroits d'un modelé creux ; sa main exagérément « écorchée », comme une pièce anatomique, se tend en avant... L'harmonie serait terne et ennuyeuse, sans ce surprenant fauteuil de damas amarante et vert,

qu'aurait pu peindre Van Eyck; ce meuble assez
banal, joue dans tout ce gris-olive, le rôle d'une
verrière dans la nef d'une cathédrale.

Ce portrait du *Duc d'Orléans*, fils de Louis-Philippe, fait qu'on oublie les lithographies et autres
documents sur la famille royale de France. Du
type si falot, si édulcoré de ce prince blond, aux
yeux vagues, qui dans ses habits civils était un
dandy à la manière anglaise de 1830, voilà ce que
M. Ingres a fait : un Alcibiade, un prince Charmant
et plein de majesté dans son froid uniforme, la
tête prise dans un carcan. Le génie du portraitiste
a su donner à un bras, à un gant, à un pantalon,
la majesté, et par le même prestige d'interprétation qui fait du *Fifre* de Manet une figure aussi
noble qu'un Masaccio : par *le dessin.*

Ces ors, dont pas un détail de passementerie
n'est omis, sembleraient fastidieux, n'était leur
mystérieuse « enveloppe », et l'on ne supporterait
pas ce drap rouge, les bandes noires du pantalon,
si Ingres ne modelait les vêtements comme à la
fresque. Le fond lie-de-vin, si bien hamonisé,
est de la même exécution, et au même plan que
la figure, et néanmoins tout imprégné d'atmosphère; oh! ce motif d'or vert, comme les volutes
des cheveux calamistrés du Prince ! M. Ingres

fait d'une gravure de mode quelque chose comme une statue d'Antinoüs.

Dirigeons-nous, en sortant, vers le portrait de la seconde madame Ingres, — peint alors que l'artiste avait soixante-dix neuf ans ! — Le plus rebutant de tous, à première vue, mais qui vous fera vite penser à Vermeer, pour la franchise de la couleur. De même, avec la *Duchesse de Broglie* dont la robe bleu acide, donnerait l'idée de ce qu'était le *Linge* de Manet, quand il fut exposé pour la première fois.

Un doyen de la critique d'art envoyé par un journal officiel de Londres, pour prendre le « rythme » de Paris au Salon des Indépendants, m'avoua en s'en retournant après une visite qui ne l'avait point rajeuni : « Je suis passé à la Galerie de la rue de Sèze... quel malheur que votre Ingres ait, à ce point, manqué de goût ! »

Pour conclure, il suffirait peut-être d'affirmer le contraire. Mais que vaut une affirmation, en matière d'art ? Ce que vaut le critique.

SUR
LES ROUTES DE LA PROVENCE
DE CÉZANNE A RENOIR

Revue de Paris, 15 janvier 1915.

I

Pour Joachim Casquet.

Arrivée. — Quelle bonne fortune, Olive, que faute de temps pour aller jusqu'en Italie, ces Pâques m'aient conduit sur votre route provençale ! Avec vous, ce pays admirable m'apparaît bien plus séduisant encore. Je le vois, enfin, sous un ciel oriental et l'on a pu se dévêtir après l'hiver, s'abriter d'un chapeau de paille. Aux gorges du Loup, à Vence et à Tourette, les femmes filent au crépuscule sur le pas de leur porte, hument la fraîcheur du soir déjà chargée, mais non point suffocante, des premières fleurs de l'oranger.

La Méditerranée est bleue comme dans les mauvais tableaux; conventionnelle, diriez-vous, napolitaine; douce telle que la souhaitent, apparemment, les malades et les oisifs. A l'approche de la pluie, une trame d'acier, une gaze de robe de danseuse, pénétrée des rayons d'un soleil boudeur, transforme le décor, scintille et s'argente comme la feuille de l'olivier. C'est déjà presque l'été; dans quelques jours je ne supporterais plus ce faste et les langueurs qui prolongent la sieste. Déjà les papillons jaunes strient de leur vol le rideau d'azur à ma fenêtre, les mouches bourdonnent, et vous m'annoncez la visite des insidieux moustiques. La bonne crème Chantilly de madame Pibarot va tourner, je vous laisserai donc, Olive, toute à vos récoltes de cerises, à vos baignades nocturnes dans les vagues phosphorescentes. Hâtons-nous.

Vers Cézanne. — C'est avec vous qu'il convient de faire le pèlerinage au Jas de Bouffan, puisque Cézanne est votre maître préféré, ô jeune fille d'aujourd'hui. Vous avez su faire table rase des préjugés de vos bons parents, et vous voilà en équipage pour attendre frémissante tout ce que l'avenir vous réserve de surprises. Vous croyiez me choquer, mais, chère amie, il y a trente ans

de cela, des jeunes gens se délectaient déjà dans
une petite boutique de Montmartre, à remuer les
toiles dont Cézanne paya son marchand de couleurs. Pour vingt francs, vous auriez eu un paysage, une tête, une de ces natures mortes qui
valent maintenant la rançon d'un roi.

Marseille n'était point encore un centre du néo-
impressionnisme. Nous admirions Cézanne comme
un prestigieux coloriste ; les demoiselles étaient
plus familiarisées, alors, avec les aquarelles de
Madeleine Lemaire. Mais puisque vous voulez bien
me prêter votre automobile, allons ! nous repar-
lerons de tout cela, car la route est longue, de
Toulon au Jas de Bouffan.

Nous avons laissé pour une autre fois les bois
de pins de la Sainte-Baume, comme il nous
fallait arrêter, par convenance, à Saint-Maximin.
Dans les replis de la montagne, nous avons grimpé
au milieu des vergers assoupis, des villages
silencieux. Tout le monde est aux champs. Point de
signes du printemps, rien de cette floraison
neigeuse des environs de Paris. Les feuilles sont
vert-cru, ce serait plutôt un mois de juin de
l'Ile-de-France. Arrivés au plateau d'où l'on
redescend sur Aix, c'est déjà la pureté d'une
toile de Cézanne. Je reconnais, au loin, le profil

familier de ces crêtes de pierre violetée, la Sainte-
Victoire, les lignes classiques de terrasses naturelles, la terre rose, les cyprès, la route. Point un
paysage sublime, mais d'une ordonnance pleine
de mesure. Ce n'est partout que blondeur, transparence, tranquillité. Août embrasera ce qui est
froid encore, un peu pâle, *pur* surtout, et ce
matin dans la gamme mineure du maître d'Aix.

Il fut un peintre propre, méticuleux, habile à
réserver des blancs; le contraire d'un « barbo-
teur »; on le crut grossier et violent, alors qu'il
eut la main d'un vieil officier à la retraite, les
scrupules d'un novice et l'œil d'un premier com-
muniant. Je le vois, un linge dans sa main
gauche, qui tient la palette et des martres, penché
sur son chevalet, essuyant après chaque touche
son pinceau, de peur que ne se mélange un ton
avec un autre. Il pose sa touche, comme un
mosaïste ses petits cubes de verre. Et s'il n'est
pas content, il efface, il gratte, il nettoie, pour
retrouver le canevas vierge, il le veut immaculé.
Maintes fois, il laisse l'étude, par crainte de la
ternir par des reprises et des surcharges. Cependant, très capable aussi « d'empâter ». Ses séances
sont nombreuses, il retourne sans cesse au même
motif, et « reprend » l'étude. Alors, comme Manet,

Cézanne a le don si rare d'accumuler les stratifications, conservant tout de même la fraîcheur de l'épiderme. A l'aquarelle, ou brandissant le couteau, il a l'air d'effleurer.

La magie de cette matière colorante est propre à Cézanne. C'est par elle qu'il exerça son incroyable influence, son règne tyrannique. Avec les moyens les plus humbles, les matériaux les plus vulgaires, il se rapprocha des primitifs. Ses couleurs à l'huile ont la diaphanéité de la peinture à l'œuf et le mat de la détrempe. Pas un coin, dans aucun de ses tableaux, qui ne soit enrichi d'un beau ton ; pas un ton de hasard, même dans une pochade. S'il hésite, alors il laisse voir le blanc de la préparation ; s'il recouvre cette nappe de céruse, c'est de marbres précieux, d'un revêtement d'orfèvre et de joaillier.

Ce sol a produit l'artiste qui devait, seul entre tous, trouver sur sa palette l'équivalent de ces rapports si unis, si soutenus, nécessaires dirait-on, entre le ciel et la terre, la végétation et l'architecture. L'art de Cézanne fait corps avec le pays qui se déroule devant nous, à mesure que les bornes kilométriques nous annoncent qu'approche l'heure du déjeuner.

Dans le jardin public de Pérouse, d'où l'on

domine l'âpre plaine ombrienne, je pensais naguère à la majesté un peu farouche de Cézanne. Il me semblait le retrouver là, comme, un matin d'avril, je regardais du côté d'Assise l'ondulation des Apennins, les lilas, les bleutés et les roses, que nul maître de jadis n'a comme lui rendus : le gris, le mat, obtenus par des tons entiers. Corot nous donne des gris forts, colorés, mais d'où les noirs, les ocres, les bruns ne sont pas exclus. Dans cette Provence idyllique et païenne, le noir et le brun? des inconnus! Il n'y a que du bleu, du jaune, du rouge, les tons primaires, affaiblis ou renforcés par l'heure ou la saison. Ces tons, Olive, vous m'avez aujourd'hui donné de les goûter en plein air, comme d'un miel pâle et Cézanne me les avait fait pressentir par ses subtils équivalents.

Aix. — La situation de la ville est sans attraits. Midi sonnait quand nous entrâmes dans Aix. Le cours Mirabeau, sinon ses deux rangées de platanes, ses hôtels sévères et endormis, m'a, vous l'avouerai-je un peu déçu. J'attendrai, pour le mieux connaître, que vous m'ayez, Olive, mené chez vos cousines. Vous décrivez les stucs, les plafonds peints, les vastes escaliers des demeures aristocratiques d'où se sont répandues sur toute la France des générations aux noms illustres, aux blasons à partager. J'entr'ouvre une porte, je cogne un heurtoir en cuivre reluisant, comme en Hollande astiqué. Une chaise à porteurs s'émiette dans le vestibule. On troqua les Gobelins du mur contre des tapisseries du Bon Marché. Un relent d'huile chaude dans la loge du concierge. Vos cousines sont sorties.

Encore que cette sous-préfecture soit tombée dans l'uniforme médiocrité démocratique, une tradition s'y perpétue de coutumes mondaines. Visites, réceptions, fêtes. Une société ne pénètre pas l'autre, le grand plaisir d'être « à part » et « au-dessus » est ici souverain ; mais chacun sait toujours ce que font ceux qu'il ne saluerait pas. Des têtes, derrière les grilles du rez-de-chaussée, se penchent et observent les promeneurs du Cours : Marius est passé tout à l'heure, en avance pour se rendre chez la cousine Sidonie. Le baron de D. revient de chez madame de Y. Commérages.

Puisque les cousines ne sont pas chez elles, allons au musée ; les *Aïeules* de ces Dames, peintes par Largillière, nous accueilleront dans leurs cadres vermoulus. Je sais, Olive, car vous me l'avez dit avec emportement : vous ne pouvez souffrir Largillière, il vous paraît pompeux, tour-

menté, « conventionnel » (ah ! c'est là le grand
mot !). Vous n'aimez pas, non plus, les portraits
de vos autres tantes de Marseille, alanguies par
Gustave Ricard.

A Aix, Largillière, portraitiste d'apparat, déploie
tous ses avantages, toute l'intensité de la *matière
colorante* que Cézanne obtint si discrètement.
Comme les étoffes du xviie siècle, ces tableaux sont
« bon teint ». Et trouvez-vous que les draperies
maniérées de ces Dianes chasseresses, nuisent au
caractère du visage ? La grosse, la maigre, la
brune et la blonde, mettez-leur une jaquette de
M. Poiret, et ce sera l'une de vos cousines de Nice,
Olive : je ne les connais pas, mais je suis sûr
qu'elles ne sont autres que celles-ci... Vous-
même... oh ! ce bistre rosé comme l'Orient des
perles fines...

Une station dans un musée de province, toujours déprimante, l'est plus encore si une Olive
y bâille d'ennui. J'ai tenté de réveiller ma jeune
amie, et la *Thétis* de M. Ingres fut notre prochaine
station.

— Je ne comprends pas ! a déclaré Olive.

—Une néo-impressionniste doit réfléchir devant
cette arabesque bizarre. Ingres est un maître
difficile, mais, Olive, pour cela même, vous finirez

par le comprendre, à moins que vous ne compre-
niez pas votre Cézanne non plus. D'ailleurs,
laissez-moi croire que vous êtes, quant à lui,
suggestionnée. Êtes-vous sûre que vous l'ayez de
vous-même compris, Olive ?

Puisque la déformation, la « stylisation », sont
les règles de votre école, que dites-vous de ce
goître ? Et ce bras de Thétis, si féminin, si sensuel,
qui monte droit vers la barbe de Jupiter roulée
en feuille d'acanthe ? Et ce Zeus ridicule et homé-
rique ? Et cette polychromie sauvage ? Vous
trouvez cela « trop réalisé », c'est le « fini » qui
vous en choque ?

Une barre, d'un centimètre épaisse, si elle
cerne une blouse de carrier, vous l'appelleriez
« stylisation » ; ici, la volonté savante du médail-
liste vous met en défiance. L'habileté de la main-
d'œuvre ne compte pas pour vous, jeunes filles
qui ne faites plus de longs travaux à l'aiguille,
mais tenez un journal de vos sensations. Qu'une
chose soit difficile à accomplir, qu'importe ? la
difficulté vaincue, la maîtrise, sont lettre morte
pour votre génération. Votre morale et votre esthétique ne datent pas de loin. Elles se formèrent
devant moi depuis le début de ce siècle, dans
les ateliers d'élèves et sous la poussée de vos

camarades, munichoises, polonaises, hongroises
et finlandaises. Mais vous, Olive, attendez ; attendez ! retournez en arrière, s'il coule encore dans
vos veines un peu du sang bleu des modèles de
Largillière. Je ne vous demande pas de bouder
au temps présent dans les hôtels moisis du Cours
Mirabeau ; mais réfléchissez, et n'allez pas trop
vite comme démolisseuse ! Vous déplairiez à votre
maître Cézanne.

Chez mademoiselle Cézanne. — Sous de plus
humbles lambris, de l'autre côté de la place,
mademoiselle Cézanne, la sœur de Paul, nous
fera montrer par sa servante, entre la pannetière
arlésienne et le buffetde chêne, une toile de
son frère, vis-à-vis d'un crucifix qui préside au
Benedicite. Croyez-vous que cette dévote, si elle
ne cultivait en son cœur le respect du nom et la
soumission domestique, eût donné la place d'honneur à ce qu'elle doit appeler un barbouillage ?

La servante, elle, ne savait pas bien. — Ce doit
être ceci, — disait-elle, en désignant de l'index
deux gravures d'après Rubens. Peut-être que
Cézanne fit de ces estampes, présent à sa sœur.
Par crainte du modèle vivant, l'on rapporte qu'il
s'inspirait de gravures, les copiait même, tout en
s'exerçant à intensifier la plénitude de la colora-

tion. *Le Magasin Pittoresque* (admirable recueil, ma chère Olive), était le fond de sa bibliothèque.

Vos amis marseillais, les lettrés d'avant-garde, vont, dans l'élan de leur enthousiasme, fausser l'image du grand vieillard de Bouffan. D'ailleurs, les gens de votre âge ignorent ce que fut naguère un bourgeois aisé, un notable de son village ou de sa sous-préfecture, latiniste, lettré et grossier en paroles, fin et lourdaud à la fois. Ce type a disparu.

Que put assimiler de Paris, dans ses visites furtives à la capitale, un Paul Cézanne ? Qu'est-ce qu'il prit à ses confrères, les Renoir, les Monet, les Manet ? Que leur laissa-t-il voir du vrai lui-même ? Les eût-il reçus chez lui ? Ils n'ouvraient pas comme cela leur porte, eux autres, les cauteleux fils de tabellions et de marguilliers, gourmés au fond de leur province !

Eut-il conscience du don qu'il avait reçu de Dieu ? Je reste sceptique quand les historiographes me content qu'un jour, quelque indiscret s'attardant à le regarder peindre dans la campagne, impatienté il cria : « Ne sait-il donc pas qu'il est devant Cézanne ? » Nervosité.

Fier de lui-même, soit ! et d'où qu'ils viennent, l'on ne refuse pas toujours les tardifs applaudis-

sements. Vers la fin de sa vie, le battage commençait, et la pernicieuse spéculation. Tant mieux,
s'il prêta l'oreille aux hommages, alors que nul
souffle ne pouvait embuer son enfantine candeur.
Il en fut quitte pour lâcher quelques gros mots
de plus. Ses biographes enregistrent les jurons
de Cézanne. Chacun a sa manière de garder l'incognito. Il fut jaloux de rester jusqu'au bout, son
pliant sous le bras, sa pipe à la bouche, le maniaque qui s'en va, grommelant, « au motif »,
s'entretenir avec la nature. Ses colloques avec
elle sont dans chacune de ses toiles.

Je m'attarde dans ce logis, malgré votre hâte
d'aller au Jas. Je vois le peintre à cette table,
mangeant la bouillabaisse. J'aime l'odeur d'en-
caustique, la bonne aux mains jointes sur son
tablier bleu, ce ménage de curé, les fleurs de
papier dans les cache-pots, ce silence ; je suis sûr
que l'âme de Cézanne flotte là, tout près de
nous.

J'aime à penser qu'il en soit si souvent ainsi :
les plus terribles, les plus intransigeants, semblent avoir vécu rangés, simples, réguliers, de
vrais petits fonctionnaires. Cézanne fait son œuvre
comme l'on découpe du bois avec un tour, comme
l'on met du vin en bouteille.

Y a-t-il encore de ces hommes-là ? L'âme d'un Cézanne serait-elle maintenant « *viable* » ?

Revenir à la grande tradition : on nous assure que tel était son but. Mais son esthétique de bonhomme, ami du *Magasin Pittoresque*, dut être moins raisonnée que ne le dit M. Vollard. Je voudrais qu'elle eût été moins consciente. Il fut classique comme un pâtre provençal prend un air grec dans le crépuscule.

J'essayerai, Olive, de vous dire plus tard ce qui différencie un Gauguin d'un Paul Cézanne, là où la littérature entre en jeu, où j'aperçois le maniérisme. Mais Cézanne ? C'est le tuf. D'avisés horticulteurs plantent, dans une terre rapportée, mille boutures, autour du sauvage pin parasol.

Qu'ils prennent garde de déraciner le grand arbre. Pour un peu vous le mettriez en serre, comme un arbuste nain du Japon. Laissez-le seul, rien ne pousse à l'ombre du géant.

La vision de Cézanne n'en condamne aucune autre, ni les formules d'hier, ni celles de demain. Cézanne est à part. Si sa musique, Olive, avait le triste effet de vous rendre les autres fades, cela ne prouverait que l'indigence de votre réceptivité. Excusez ma franchise. J'ai l'air de rétrécir le champ de votre admiration, si je réduis Cézanne à

la taille d'un beau peintre, d'un coloriste subtil et
fort, mais d'un « incomplet ». Non pas ! Si sa couleur me donne des jouissances nompareilles, certains de ses groupes de figures nues sont, quoique
chaotiques, raboteuses, monstrueuses, d'un rythme
magnifiquement cadencé. Mais je sais, moi, comment il me fait penser à Poussin. — Pour vous,
Olive, que Poussin ennuie, je ne m'aventurerais
pas en des analyses prématurées ; si je me reconnais un droit d'établir la filiation, vous me per-
mettrez, gentille amie, de le refuser à vous.
Je distingue mal le blé, de l'orge en graines, et
ne m'en cache point comme d'une honte. Il est
des enfants dont les dessins évoquent les dieux
de l'Olympe mieux que ne font les plus savants
académiciens. Décidez du rang que doit occuper la
science par rapport à l'instinct... Vous donnez
l'avantage à l'instinct ? Mais que faites-vous de la
cérébralité, jeune imprudente ? Vous ne venez plus
assez à Paris ! Donc, vous êtes pour l'*instinct ?*
Dans le « cas Cézanne », vous avez raison. Sa sensation, sa couleur, sa matière, son instinct : plus
qu'assez pour faire de lui un grand artiste — mais
à la façon d'un manchot ou d'un innocent de village. Vos louanges nous rendraient injustes. —
Je demande à ne pas abdiquer mon sens critique.

Je voudrais examiner ses œuvres, tout seul, comme jadis chez le père Tanguy, ou dans la salle à manger de la vieille demoiselle; pour un peu, ma chère Olive, je vous prierais de ne m'en plus parler... Pardon.

Au Jas de Bouffan. — Nous quittons la ville d'Aix par une route poudreuse. Au loin, toujours les fonds lilas et roses dont Cézanne divisa si finement les nuances de nacre. On tourne à gauche, la grille est ouverte : c'est le Jas. Une allée droite conduit à une maison blanche, simple au dehors, mais élégante, parfaite de proportions, provençale et italienne. Toujours de caractère mixte, cette réduction d'un grand style à des besoins modestes, fait l'agrément de notre Toscane gauloise. La bastide est cossue, agreste et souriante. A l'intérieur, que reste-t-il intact, des chambres habitées par Cézanne? Voici un vestibule en stuc, que peuplent des statues et des vases; le grand salon inondé de lumière; l'ancien atelier du maître fut une buanderie ou un fruitier, aujourd'hui converti en galerie de bric-à-brac, brocards au mur, encombré de meubles de Boulle, de paravents, de chinoiseries, de dorures et de laques. Le nouveau propriétaire, industriel et collectionneur, est devenu l'aimable entrepreneur et le cicerone de la gloire de Cézanne. On va me faire la leçon, m'apprendre ce que je sais depuis longtemps. Des photographies, par Druet, traînent sur les sièges, il y a des livres partout, bientôt ce seront aussi des *Guides Conti.*

Au fond de la pièce, les fresques de l'hémicycle, que le peintre signa « Ingres 1811 » (touchante plaisanterie), furent nettoyées de leur couche de plâtre (1). Pastiches sans intérêt, elles ont ici l'aspect triste d'un décor de café 1830. A côté, c'est le portrait noirâtre et caricatural du père de Cézanne; un Christ, une Madeleine, œuvres de jeunesse, romantiques, violentes et sans accent; encore, une copie d'après Lancret, un vaste panneau inspiré par une gravure du cher *Magasin Pittoresque.* Ces exercices d'écolier se guindent jusqu'au chef-d'œuvre, d'être ainsi présentés dans des bordures à volutes dorées, entre des bandes de soie trop riche. Sommes-nous à Chicago, chez un milliardaire? Chez un auteur dramatique très chic? Ces toiles partiront un jour pour l'autre côté de l'Océan ou plutôt pour Berlin. Il a suffi qu'elles prissent une valeur marchande, pour qu'on les installât solennellement dans ce mobilier de luxe.

(1) Aujourd'hui, 1918, tableaux acquis par des marchands parisiens.

Et voilà le Jas de Bouffan, presque un tourniquet
à la porte; la gloire y construit une légende. Et
c'est ainsi que s'écrit l'histoire, Olive! Allez donc
au jardin, pendant que votre mécanicien fera
chauffer l'auto. On vous montrera les « motifs
favoris » de Cézanne, l'abreuvoir aux lions de
pierre, les cyprès, les peupliers et certain coin,
là-bas... mais ne croyez que la moitié de ce qu'on
vous dira; le monsieur transplanta la rangée d'ifs
en vue d'un meilleur effet; il ajoute des mascarons
au-dessus du porche, la maisonnette du bonhomme
se travestit et fait la coquette en l'honneur des
touristes. Les tableaux de Cézanne sont des valeurs
en banque, il est temps qu'ils appartiennent à
qui ne les comprend pas.

Tiens! voici une bande de professeurs à lunettes;
ils parlent l'allemand... J'oubliais les vacances de
Pâques!

Avouez, Olive, que l'on était mieux, tout à
l'heure, dans la salle à manger cirée à l'encaus-
tique, sous le regard de la servante...

En regagnant Toulon, vous êtes d'abord restée
silencieuse, j'ai deviné que vous m'en vouliez,
Olive. Enfin, vous vous êtes trahie :

— Est-ce donc cela ? Vous avez le droit d'admirer Cézanne, vous, et ce droit vous me le refusez. Voilà qui est humiliant !

Non, pardon si j'ai été trop loin — non ! je ne vous dénie aucun droit. Ce qui me gêne vis-à-vis des personnes de votre âge, c'est qu'elles aiment les œuvres d'art pour leurs imperfections. Votre ami Suarez écrit :

« En temps de décadence, tout le monde est anarchiste et ceux qui le sont et ceux qui se vantent de ne pas l'être, car chacun prend sa règle en soi. »

Lisez donc la parfaite étude de Maurice Denis, qui cite aussi cette phrase d'André Suarez. Réfléchissez. Laissez Cézanne aux musées et aux bibliothèques. Il est déplacé partout ailleurs. Je crains que vous ne deveniez comme certaine baronne de la finance qui, mettant la main sur son cœur, soupirait :

— Si je n'avais en face de mon lit l'esquisse de la *Maison du Pendu*, je ne me sentirais pas la force, tout le jour, d'accomplir mes devoirs de société.

Il y a vingt ans, la même dame, qui n'est plus une petite fille, je vous assure, épinglait tranquillement sa voilette près de deux pastels de Jacquet et son père et sa mère l'ont fait peindre par Lembach, en Cendrillon, quand à cinq ans, elle était encore viennoise.

Votre cerveau est de trop bonne qualité pour qu'il ne vous retienne et ne tombiez dans le piège. Cézanne est aussi grave que Poussin. Mais! mais! mais! attendez... Nous y reviendrons tout à l'heure.

Retour. — Le crépuscule allait se fermer sur les gorges d'Ollioules. L'automobile ralentissait sa course, c'était déjà les faubourgs de la ville, et les ouvriers revenaient de leurs chantiers, traînant dans la poussière leurs pieds douloureux, l'échine courbée par le travail. — Vous avez dit : — « Ce soir je vous ferai entendre de la musique, c'est un enseigne de vaisseau qui sait par cœur toutes les compositions modernes ; lui ferez-vous grise mine, si vous apprenez qu'il achète des Vuillemancin? Ne faut-il pas être de son temps? M. X... vient dîner à la maison. »

La soirée fut charmante. D'habiter un sous-marin ne semble pas empêcher un jeune Basque d'étudier son piano. Malgré les objurgations de M. votre père, si entiché du *bel canto* et des mélodies qui se prolongent en une courbe molle et voluptueuse, l'officier, pour vous plaire, exécuta des pièces de Debussy, de Stravinsky, de Séverac

et d'Albeniz, enfin toutes musiques dont vous êtes
curieuse. Vous approuviez, vous étiez ravie et
vous me crûtes prendre en défaut de logique,
comme je plaidais pour ces musiciens, auprès de
M. l'amiral.

— Ce n'est pas juste! vous vous moquez de nos
paysages de Vuillemancin, avec papa — vous le
flattez! — et maintenant, vous voudriez lui expliquer Stravinsky!

Ah! Là, précisément, que je comptais en venir,
je n'attendais qu'une occasion de me mieux faire
entendre.

A vous, Olive, je dirai toujours que Cézanne fut
un manchot. Ceci vous fait bondir. Cent autres que
vous, que choquerait ce crime de lèse-majesté!
Avec les cézannisants, on est obligé d'enfler la voix,
d'en venir aux gros mots. La peinture est plus
inaccessible que les autres branches de l'art. Vous
la regardez, comme les littérateurs. Ce qui, d'elle,
émeut votre sensibilité, n'est point ce qui, pour
nous, fait son prix : d'où notre presque fatale
déroute, si nous autres professionnels en discutons avec vous.

Gasquet (nous aurons bientôt son livre sur
Cézanne) nommant les plus grands peintres de la
fin du xixᵉ siècle, propose Manet, Cézanne. —

Jusqu'ici nous sommes d'accord — puis Seurat, contre Puvis de Chavannes; il le substituerait à ce maître, comme Lautrec à Degas, qui ne tardera plus à être traité de photographe par les esthéticiens d'avant-garde. Ne nous fâchons pas, dès lors, si le portrait du père de Cézanne est confondu avec un Rembrandt. Il n'y a plus de valeurs que vous jugiez incommensurables.

Jeunes liseurs de revues, vos esprits furent initiés à la peinture moderne par des Charles Morice, des Commandeur Roger Marx et des professeurs de rhéthorique détogés. Peut-être un jour, plus mûris, vous rendrez-vous compte que Lautrec est à Degas ce que fut Bertall à Daumier (je force un peu la note, je mets de lourds points sur les I) et que le chétif Seurat fut une de ces « chandelles » des bords de la Seine, dont le moindre souffle de septembre éparpille le frêle duvet.

Ce sont les mêmes critiques qui virent en Chéret un successeur de Watteau; en Willette un Fragonard; en Carrière, un Michel-Ange; en Constantin Meunier, un Verrocchio. A quoi n'a-t-on pas cru ces temps derniers? Combien de procès politiques à reviser, Olive! vous aurez de quoi occuper vos loisirs jusqu'à votre mariage et après…

Et le cas si bizarre d'un Cézanne s'élucidera pendant ce temps-là, cas unique, cas tragique.

Cézanne sent que la peinture à l'huile est un art moribond et il se débat, dégoûté, au milieu de la production moderne; mécontent de son ouvrage; pleurant sur son impuissance, mais fier de ce qu'il veut et ne peut réaliser. Il prêche dans le désert, obstiné, ivre de foi, passionné pour les maîtres qui ne sont plus; humble et méprisant, sans doutes quant au but qu'il poursuit, mais désarmé. L'outil se brise trop souvent dans sa main. Il reconstruit comme un maçon amateur, moellon à moellon, le temple aboli, croit qu'il retrouvera sous les décombres la voie sacrée; mais quels élèves seront dignes de l'y suivre?

Il s'étonne devant Claude Monet.

Le drame se passe aux champs et à l'atelier des Batignolles, près de son clocher ou dans le faubourg parisien, ici ou là, dans le silence et l'abandon. On le comparera à Gustave Flaubert, on voudra le canoniser. La littérature est grosse de menaces, autant que la peinture des imitateurs. Une jeune armée munie de tubes et de pinceaux, marche derrière le vieux capitaine à la barbiche de grognard. Vous êtes, Olive, enrôlée dans le bataillon de Provence, le plus bruyant de tous.

Comment ne vous en féliciterais-je, tout en riant un peu ? Vous avez vos clients, vous croyez en Vuillemancin le plus avancé des Cézannistes de Marseille. Déjà, douze, quinze toiles égayent votre logis comme des accessoires de cotillon, vous les piquez au mur, convaincue, décidée, jalouse de provoquer les algarades paternelles. Mais ces ébauches truculentes et faciles, croyez-vous que Cézanne les eût approuvées ? Ne le rendez pas responsable de ces amusettes. — Attendez, je vous le répète. Olive, attendez.

Voilà ce à quoi je pense, pendant que l'enseigne de vaisseau-pianiste évoque si bien des paysages, des atmosphères, des reflets, des ombres légères. Vous, Olive, ne paraissiez plus écouter, lasse de notre expédition à Aix.

La pendule marqua minuit. M. votre père, qui avait un peu sommeillé, éteignit quelques lampes. Nous allions nous coucher, quand, le pianiste faisant l'obscurité complète, attaqua le sublime opus 102. Ce serait lâche à moi, ma chère amie, de me prévaloir ici de Beethoven.

M. votre père s'étant tout à fait réveillé, traverse le salon, au risque de briser les verres d'orangeade sur les guéridons. Dans un élan de reconnaissance, il veut embrasser le jeune enseigne de

vaisseau, car l'opus 102, c'est pour M. l'amiral
« comme si l'on avait brûlé du sucre. »

Et vous, quand je descendis l'escalier :

— Cette musique moderne est délicieuse, mais
trop extérieure... Beethoven va plus loin.

Oui, Olive, mais le moindre de ces impressionnistes de la musique pourrait écrire une fugue
comme Bach ; ils sont aussi savants dans leur
technique que le grand Ludwig Van Beethoven.
Nos peintres le sont moins, croyez-moi. Ne décro-
chez pas, malgré cela, les Vuillemancin de la
salle à manger. Ils n'y font pas plus mauvais effet
que des bibelots de chez « Martine » et font penser à Sacha Guitry. Qu'ils décorent, c'est tout ce
que vous désirez.

Dans la villa de San Salvadour. — La route
d'Hyères, les Salines, les bois de pins parasols,
sont si drus, si pressés l'un contre l'autre, que
ce soir, comme le rouge du couchant les éclairait
d'en dessous, nous nous crûmes transportés dans
les environs d'Ostie. Combien cela était beau !
Pourquoi n'y aurait-il pas une Renaissance de la
peinture, sur cette côte méditerranéenne ?

Dans sa villa de San Salvadour, un parent de
mon amie exhibe trois cent soixante et onze toiles
par le Marseillais Vuillemancin. Mais avant d'as-

sister les débuts du jeune Phocéen, l'amateur
acheta des Diaz, des Monticelli, des Ziem ; il possède
des Corot, des Daumier, des pièces fameuses de
l'école française, de 1830 jusqu'à nos jours. Deux
cents cadres à canaux se débordent du haut en bas de
la galerie. Quand Olive m'y introduit, la baie vitrée
qui donne sur la mer, est barricadée — car les
Méridionaux vivent dans les ténèbres ; inexperte à
manœuvrer la manivelle, Olive renonce à soulever
le tablier de fer. Le jour tombait de vasistas inscrits
dans la haute corniche, il faisait sombre dehors
et des branches d'eucalyptus obscurcissaient
encore la chambre. Ces tableaux sont discrets, ils
ne vous sautent pas aux yeux. Olive négligeam-
ment me les signala; mais, a-t-elle dit : — Mon
oncle n'a pu résister à la tentation, voyez ces
Vuillemancin : quel tempérament !

Une frise, au-dessus des cadres, est faite de
vues de Marseille, de l'Estaque, de La Seyne, toutes
signées Vuillemancin. Et qui pourraient être des
maquettes pour le ballet russe. A distance, cela est
lisible, décoratif extrêmement, gai, « amusant ».

— N'est-ce point joli, ces tons vifs, ces tartanes,
ces tas d'oranges, ces maisons bariolées, ce ciel
indigo ? Rien ne tient à côté! Je vous défie de
dénicher un Corot, dans les coins ; pourtant mon

oncle en possède de magnifiques... Les Vuillemancin les tuent!

Oui, mais, Olive, un Corot peut passer inaperçu,
un beau tableau n'est point du papier de tenture.
Je n'ai pas mon binocle. Si vous voulûtes me
faire subir la première épreuve de votre franc-
maçonnerie, vous auriez aussi bien pu me bander
les yeux... un tableau est autre chose qu'une
affiche; encore un point à élucider; vous vous
contentez de l'affiche. Un Degas est parfois un
tableau, un Lautrec est une affiche. Nous repar-
lerons de cela une autre fois.

Les Vuillemancin tapissent les murs comme de
la vigne vierge. Les chambres à coucher en sont
pleines jusqu'à la ruelle des lits; les cabinets de
toilette, les corridors en regorgent. Dans la linge-
rie, une brave femme repasse des chemises devant des Vuillemancin. C'est cela, Olive, que
vous appelez l'école de Cézanne?

Combien avais-je raison, l'autre jour, de ne
vous rien céder! Vous n'êtes pas encore capable
de juger Cézanne d'ensemble, attendez pour
« prendre un point de vue », car il vaudrait mieux
que vous discerniez l'*esprit* de la *lettre*, vous arrêtant
aux stations de ce chemin de la Croix, par où le
maître a progressé vers sa gloire paradoxale et

confuse. Vous doutez-vous du sens vrai de cet étrange génie, qui clôt une période, au lieu « d'en ouvrir une », comme vous dites ? Sur sa tombe, on aurait pu écrire : « *Ci-gît l'État organisé.* » Victime expiatoire de la peinture, lui qui tant peina et, orgueilleux, convaincu, dénonça la décadence, que pense-t-il, si de Là-Haut où monta son âme catholique, il entend les prêcheurs de sa bonne parole ? Vous ne voyez en Cézanne que les plaies dont il saigna de ne pouvoir se guérir, sa faiblesse, sa paralysie. Un initiateur ? Jusqu'ici, un troubleur de consciences, un fauteur de désordre, malgré lui.

Son œil est un isolateur, comme les pieds de verre du tabouret où l'enfant grimpe pour des expériences de physique amusante. Gare à celui qui reçoit l'étincelle électrocutrice ! L'œuvre de Cézanne est un piège 'aux innocents tendu. Vous qui avez de la lecture, Olive, rappelez-vous la correspondance de Flaubert ! Il y avoue ses difficultés, souhaite qu'un autre, mieux doué que lui, puisse réussir là où il échoua. Si l'esprit de Cézanne devait un jour se réincarner en un peintre mieux équipé qu'il ne le fut, ce serait à une époque lointaine et moins inquiète, où l'art ne serait plus un passe-temps d'amateur, un rayon de magasin de nouveautés.

Nous nous promenons sur les routes de Provence, vous toute neuve à l'esthétique, moi, qui le suis moins, hélas ! et pendant que nous discutons, se déroulent les panoramas familiers au néo-impressionnisme, dont c'est ici la patrie d'élection. De Marseille à Vintimille, sur la côte et dans les terres, il n'est guère de bourg où quelqu'un ne soit venu planter un chevalet en songeant à Cézanne. Je ne vois que motifs connus, couleurs, lignes « banalisées » par les peintres. On nous a rendu votre terre plus insipide que la forêt de Fontainebleau. Toutes les bicoques, aux « Indépendants », comme chez votre Vuillemancin, m'ont l'air d'être sur le point de tomber. Ai-je le vertige ? Arbres, montagnes, nuages, d'horizon, la mer, tout danse ! — et c'est pour cette farandole que Cézanne aurait battu la mesure ? Je ne respire à l'aise que si la pluie efface le bleu du ciel. Entre Toulon et Hyères, la route du cap Brun et de San Salvadour est, cet après-midi, d'un vert de salade confite, cœur de laitue, concombre, pastèque à peine rose, blanc d'amande, grise en somme, et fait songer à Corot, plus qu'à nul autre. Pourtant il fut sensible, celui-là, à toutes les harmonies, rendit tous les ciels, du nord et du midi ; quant à construire, il me

semble qu'il ne fut pas un médiocre architecte...
Qu'entendez-vous par « construction » dans le cas
de Cézanne? Lui, un *constructeur?* Entendons-nous.

Peu de peintres se sont, autant que lui, em-
brouillés dans les « plans ». Vous ne me citerez
guère de visages ou de corps, dans l'ensemble de
son œuvre, qui ne saignent l'aveu d'un pénible
effort, d'un échec. La *Femme au chapelet?* les
Joueurs de cartes? Laissons ces mauvais tableaux
aux milliardaires. L'apparence de plans et de
construction est due à l'unité, à la qualité du ton
et de la pâte. Ses toiles sont *pleines, unes,* la composition y forme bloc, remplit la surface de bord
à bord. Même en un visage dont les yeux, le nez,
la bouche se situent dans des plans désaccordés,
il y a *ensemble, masse,* — mais c'est par un miracle du prodigieux, de l'unique et inimitable
coloriste. Le ton équilibre les volumes. La recherche du ton rare et pur fait crouler un compotier
de pommes, choir une serviette, zigzaguer les
dessins du papier dans le fond de la nature morte,
mais rapproche un ton de celui qui l'appelle et
l'harmonie chromatique est, à elle seule, une
sorte de « construction ».

Dangereux exemple, Cézanne est un maître
pour des maîtres, non pour des élèves.

Les plans, chez Cézanne, s'organisent dans l'atmosphère, par la magie d'une couleur inanalysable de céramiste et d'émailleur, d'une matière aussi précieuse que le radium, lentement accumulée ou qu'échantillonne une main de brodeur oriental. Quelques coups de pinceau, à l'aquarelle, où un kilo de pâte sur la panse d'une pomme, et il obtient la surface irradiante des coquilles de nacre ou des verres irisés qu'un long séjour dans la terre y déposa. L'ordre ne s'établit que par le mariage des tons, toutes « *valeurs* » supprimées. — Je ne connais pas un beau dessein de Cézanne, en dehors de croquis griffonnés, quelques compositions mythologiques, dont je jurerais qu'elles suivirent une première version en couleurs. La noblesse ? Oui, elle est partout, car Cézanne était un noble esprit qui ne retenait des musées que des rythmes majestueux. Ici, la *beauté* n'est que suggérée par une main qui tremble. De respect ? Par infirmité ? Peu m'importe, à moi essayiste d'une époque décadente, car je suis de mon temps, tout comme vous, ma chère Olive.

Mes sens sont autrement satisfaits que ma raison, qui parfois cède... à la minute même où je me veux comme un diable défendre. La chair est faible, Olive, me permettrez-vous ce truisme ?

Mais, Olive, vous m'avez alors dit : — Je ne vous comprends plus. Vous vous contredisez tout le temps. Vous donnez, puis vous retirez votre don ! Vous abusez de la restriction mentale.

Le cas Cézanne égare le fidèle, parce qu'à côté du Dieu, il y a les grands-prêtres, les diacres, les acolytes porteurs d'encens, et, jusqu'au bas de la nef, des paroissiens épouvantés. Il en est de même dans toutes nos églises. Excusez-moi et reprenons l'auto! Nous irons voir, un de ces jours, le peintre de Cagnes. Montrez-moi d'autres coins, d'autres horizons.

Ce soir-là, nous rentrâmes fort tard. Les cafés de Toulon regorgeaient de buveurs au boulevard de la République. Nous sommes allés sur le quai, au bord de l'eau, c'était une Ripa dei Schiavoni, toute égayée de fanaux. Les deux figures marines que modela Puget, comme tout d'ailleurs ici, compliquent l'ambiguïté de l'impression. Vous ne savez jamais si vous êtes d'un côté ou de l'autre des Alpes. Ayant insisté pour aller chez Mme Pibarot choisir les pâtisseries de notre dessert, nous longeâmes des ruelles peu avouables, où vous ne vous seriez aventurée si votre désir n'eût été aussi vif de m'entendre qui m'exclame : « Ce sont des *calli* de Venise. » N'eussiez-vous été là, j'aurais dit un mot à ces filles à la coiffure de perles, fardées et grasses, qui se tenaient sur le pas de leur porte... j'ai feint de croire que c'étaient des échoppes de coiffeur et vous avez ri de mon inexpérience.

Vers Grasse. — La corniche d'or forme la vraie limite de la côte provençale et de la Riviera ; c'est en sortant de l'Esterel que le paysage change ; il va s'élargir et perdre, petit à petit, le peu qui lui restât encore de français. Hélas ! les boulevards maritimes de Cannes, les palmiers en zinc, les villas anglaises et le casino municipal font de cette plage cosmopolite une sorte de Brighton qui voudrait être Alger. Nous avons hâte de nous enfoncer dans les terres et de gravir le long lacet qui aboutit à Grasse. Le monument à Fragonard, devant ce charmant hôtel du xviiie siècle, blanc et majestueux dans ses proportions bourgeoises, rappelle seul au passant l'élégance du peintre des Nymphes et des Cupidons. Je ne sais pourquoi, à toute heure du jour, la ville de briques cuites et de tuiles rousses, a quelque chose de mauresque.

Elle est dure et peu accueillante, il faut s'habituer à elle, lui faire des avances de toutes sortes. Elle offre aux étrangers peu d'accommodations modernes, et c'est peut-être pourquoi l'on s'y sent si loin de tout et, au premier abord, dépaysé.

II

Sur la terrasse d'Andon. — Soyons francs : ceci est plus grand et plus touchant encore que Florence. La fontaine Louis XVI, le jet d'eau du bassin rustique, les platanes qui laissent filtrer le soleil, étalant ses pièces d'or sur le sable, c'est, plus que les fastes médicéens, proche de nos cœurs modernes ; petits paliers retenus par des cailloux, étages d'arbrisseaux gris, cyprès, eucalyptus, bordures de fleurs potagères le long de la balustrade, vous témoignez d'un ordre ménager, égal pour la cuisine et la bibliothèque. La fraîcheur, dans cette bastide que Fragonard décora, imbibe tous nos sens : c'est le bruit sans arrêt du jet d'eau sous les platanes, c'est le vert d'aquarium, les persiennes mi-closes, le marbre de l'escalier, le carrelage du salon surbaissé, et l'orangeade. Derrière les balustres de la terrasse, un sol volca-

nique, convulsé, où l'habitacle humain ne joue
point de rôle; plus loin l'Esterel, la baie de Cannes.
Le rococo de la villa d'Andon, cinéraires, géraniums, lys en touffes rutilantes, le peigné, brossé,
astiqué des premiers plans, laisse sa valeur aux
lointains d'un dramatique revêche, à la romaine.
Je respire plus librement près de Frago qu'à
l'ombre des Pan de Vignola, ces moussus joueurs
de flûte sur le rocher de Caprarola.

Vers Nice. — Partons! — L'automobile attend
à la grille. C'est la route de Cagnes, une Normandie provençale, des bois, des prairies piquées de
boutons d'or. Les ·bergères, couleur de bronze
sous l'énorme cloche de paille des pastourelles,
paissent leurs brebis maigres, brunes aussi, pati-
nées par le mistral. C'est ici que Renoir est venu
réassortir ses pelotons de soie. Je voudrais, ce
matin, surprendre le vieux maître au milieu de sa
nichée d'enfants... mais mon conducteur n'entend
pas qu'on s'arrête, car nous sommes dus vers midi,
du côté de Menton. Peut-être serai-je plus heureux ce soir?

A partir de Cagnes, c'est la banlieue de Nice,
bouchons, auberges, affiches, réclames pour les
touristes, bientôt l'entrée d'une grande ville, Su-
resnes, Puteaux au bord de la mer. Deauville

aussi bien ; et les gens ont l'air de n'avoir rien à
faire, qui traînent leur oisiveté sur cette côte
bénie, comme si le ciel ne pardonnait qu'on
cessât un instant de le regarder. A ces gens en
une éternelle vacance, leur paresse donnera l'allure de la contemplation. — Mais je devine vos
pensées, promeneurs qui édifiez vos maisons de
plaisance, ces mosquées pour ex-cocottes, ce simili
Orient d'exposition universelle ; je douterais de la
beauté du site, à voir l'architecture qu'il inspire.
Pourtant, Nice désemplie par sa fin de saison,
reprend, vue du Montboron, cousinage avec
Gênes. C'est une Gênes où les palais sont des
sanatoriums, fière de rues à l'instar de Paris,
aguichantes et bondées de tout ce qui est inutile.

Blanche et rose, Nice rendue à elle-même,
lave ses fards, redevient la contadine au fichu
bariolé...

Retour. — Nous repassâmes par Nice ; avons
longé la mer. Un court orage humecta l'atmosphère, lavant toute la poussière qui poudrait la
route. Dans l'écume des vagues, joujou de sportsman, qui a des prétentions belliqueuses pour des
combats à la Wells, un hydravion s'exerçait !

Quand nous parvînmes à Cagnes, le soleil avait
reparu dans un ciel de turquoise pâlie, clairon-

nant la fin de la journée ; comme il était tard, j'osais à peine m'arrêter pour saluer Renoir ; mais j'aurais un remords, venu si près, de n'entrer pas. Comment le trouverais-je, après tant d'années, le bon conseiller de mes débuts, l'ami, l'encourageant ami dont l'indulgence à mon zèle obtint de mes parents que je fisse de la peinture, sans plus d'entraves ? Il est peu de peintres pour l'œuvre de qui j'aie eu, d'abord, plus d'admiration, puis des doutes plus cruels, de nouveau une admiration un peu inquiète, sans toujours me départir d'une certaine gêne.

Il faut prendre Renoir comme un bloc et ne jamais le discuter, ni l'analyser, dès que le sortilège du coloriste vous a conquis. Jeune homme, je dus subir ce charme et cette puissance, peu soucieux de la forme ronde, molle, flottante, qu'il emprisonnait dans de l'émail, ou tricotait avec des bouts de soie et de laine. J'assistais à ses recherches succesives d'exécution.

La première fois que je le vis peindre, c'était à Berneval-sur-Mer, près de ce château de Normandie où M. Paul Bérard lui donnait, chaque saison, l'hospitalité. Il faisait poser des enfants de pêcheurs, en plein air ; de ces blondins à la peau rose, mais hâlée, qui ont l'air de petits norvégiens. Il décorait, cette année-là, des panneaux de la salle à manger de Wargemont et avait entrepris une série de fleurs, des géraniums surtout, dans des bassines de cuivre ; tantôt, pour se délasser, il faisait du paysage : alors un travail singulier, comme d'un pastelliste, des hachures, du treillis multicolore, où les laques envahissaient les bleus et les verts « de la confiture de groseille », disait-on, mais le temps a fondu déjà en une seule surface riche et unie, d'indiscrètes couleurs dont Renoir savait, apparemment, qu'elles se soumettraient plus tard à leurs voisines.

Le visage de Renoir était déjà ravagé, creux, plissé, les poils de sa barbe clairsemés, et deux petits yeux clignotants brillaient, humides, sous des sourcils que cette broussaille ne parvenait à rendre moins doux et moins bons. Son parler était d'un ouvrier parisien, qui grasseye et traîne ; chaque phrase était accompagnée d'un geste nerveux : il frottait, par deux fois, son nez avec l'index, son coude appuyé sur l'un de ses genoux qu'il avait toujours, dès qu'il était assis, croisés ; son corps en boule, et voûté par habitude de se pencher vers le chevalet. Renoir, pétrisseur de la chair féminine, caresse la toile, comme cette chair même ; fleurs, ciels, arbres, fruits, tout est pour lui sujet à colloques amoureux, prétexte à satisfaire sa violente sensualité païenne.

« Un sein, c'est rond, c'est chaud! Si Dieu n'avait créé la gorge de la femme, je ne sais si j'aurais été peintre! » — a-t-il dit. .

La nature, lui offre des tentations très prosaïques du gourmand. Les Parisiennes, ses modèles d'élection, trottins, blanchisseuses, modistes, flore mousseuse du ruisseau faubourien, sont, dans son œuvre, comme des pêches, des pommes et des cerises en une corbeille de fine sparterie ; il tresse des guirlandes de pivoines pâles ou cramoisies, il souffle et en gonfle les pétales, — en ajoute même, tant il a de plaisir à ce jeu, — jusqu'aux proportions d'énormes choux ; des ondes colorées, de plus en plus vibrantes, autour du ton central qu'il jette comme une pierre dans l'eau, propagent jusqu'au cadre des cercles mouvants.

Vous niez Renoir dessinateur ? Sans doute, Olive, son dessin n'est pas une ossature, mais un vêtement bigarré, que son pinceau amplifie quitte à trahir le corps. Si le corps est nu, la forme est le plus souvent magnifique de santé, débordante de plénitude et l'idéal même du grand amant toujours inassouvi. Plus il se développe, plus Renoir renforce et nourrit ses volumes, jusqu'à souvent atteindre l'équilibre d'un bas-relief antique. Entre la Grèce et le xviiie siècle français, il bâtit un temple où, après ses douze lus-tres de joyeux labeur, il installera sa Déesse. Pyg-malion frémit devant son idéal incarné : une Aphro-dite qui est à lui : — la Vénus des bords de la Seine.

Son tableau *les Baigneuses*, que j'ai le bonheur de posséder (1889), marque la fin de la libre course dans les Bougivals et les Argenteuils, annonce, malgré sa sécheresse, si exceptionnelle dans l'œuvre de Renoir, de nouvelles tendances vers le style. Ces *Baigneuses* inspirées, comme l'on sait, par une sculpture de Coysevox, sur une fon-taine de Versailles, se placent juste à mi-chemin, entre les fêtes ensoleillées du Moulin de la Galette et les Panathénées du village de Cagnes.

Le grand admirateur de Cézanne (car Renoir eut pour lui une réelle dévotion), le voilà, lui aussi, établi dans ce pays où l'hiver n'embrunit pas les ateliers.

J'étais ému, Olive, en attendant à la barrière, au seuil de la propriété. Je n'avais pas revu Renoir depuis si longtemps ! Il y a quelques années de cela, à une représentation des Russes, je fus frappé par la présence inattendue dans une

loge, d'un manteau et d'une casquette de voyageur,
sur un visage de vieillard qui s'y enfouissait. Autour de ce singulier spectateur, des femmes en
robe de bal, s'empressaient comme des courtisans
auprès d'un souverain. Je pris ma lorgnette :
c'était Renoir avec Misia. Des amis avaient tenu
à lui offrir le régal d'un de ces ballets qui en-
chantent les peintres. Depuis lors, je le savais malade et de plus en plus retiré. Comment, malade?
Celui dont l'œuvre chaque an s'enrichit, se renouvelle en une moisson plus copieuse? Je n'ai jamais
voulu le croire que jeune, et après l'avoir retrouvé
si tard, je me demande s'il ne fait pas semblant de
ne l'être plus, pour nous étonner davantage.

Son fils, un bambin, s'avance à ma rencontre
dans le jardin ; comme il m'assure que son père
vient d'être plus malade et ne reçoit personne, je
donne ma carte, et j'allais vous rejoindre dans
l'auto, mais l'enfant ayant lu mon nom, me dit :
— Venez, venez, monsieur, venez voir maman. —
Celle-ci n'hésita pas : je ne pouvais passer si près
et n'entrer point. Renoir ne me l'eût pardonné.

— Il parlait de vous hier encore, venez, vous
lui ferez plaisir...

Elle me poussa devant elle...

La villa, toute gaie, est à mi-côte, dans des ver-

gers ; une ferme, une exploitation agricole. Renoir
se livre à la culture de l'oranger.

Entre les villages de Cagnes et de Saint-Paul-
du-Var, une vallée fertile, verdoyante s'étend :
une oasis dans ce pays aux lignes âpres qui fait
songer, dit-on, à la Palestine. Les Alpes, au loin
s'étagent et le soleil en illumine les cimes nei-
geuses. Les premiers plans sont intimes, Virgile
y aurait écrit ses *Géorgiques*, Renoir peint et
peîndra les siennes : lavandières savonnant et
tapant la lessive dans le ruisseau, caracos rouges,
chaperons de paille, oliviers nains, qui retombent
sur l'eau comme des saules de chez nous. Il
picote de touches polychromes toutes ces rondeurs,
ces gentillesses à la *Paul et Virginie*. Il y a du
Bernardin de Saint-Pierre chez le peintre de
Cagnes ; sa mythologie à la bonne franquette se
transporte souriante au milieu de ces bergeries
à la Longus.

Je savais de quelles difficultés s'accompagne
aujourd'hui l'acte de peindre, pour Renoir. C'est
à peine si la main, nouée par les rhumatismes,
peut encore diriger le pinceau.

— Tantôt, — me dit madame Renoir, — il
acheva, en plein air, un *Jugement de Pâris*.

Enfin, me voici devant mon vieil ami. Il est

assis, protégé par un paravent, immobile et qui
regarde une fois de plus le couchant derrière
l'Esterel. Est-ce lui qui, tout à l'heure, travaillait
encore? J'ai envie de l'embrasser, je balbutie...

Comment remercier ces êtres magnifiques,
énergiques et enthousiastes, pour la leçon qu'ils
nous donnent? La maladie ne compte, pour qui
porte en son cœur cette foi, cet amour d'adolescent. L'art a vaincu la souffrance ou l'ignore.
Les yeux du septuagénaire de Provence, sont
encore les mêmes que ceux du Renoir de Berne-
val. Il n'y a plus que ces yeux dans ce visage
immatérialisé, ils sont exquis de bonté, et tels
que des primevères dans un pré dénudé par le gel.

Renoir ordonne qu'on me fasse passer par l'atelier; je prends congé.

C'est cette main, noueuse comme un bois de
poirier mort (je la touche, mais elle ne pourrait
serrer la mienne), qui emmanchée d'une brosse
qu'une courroie attache au bras droit, évoque des
théophanies, donne un nouveau galbe au jeune
Anacharsis, coupe la ceinture des bacchantes et
dévoile le sein des Hélènes.

Dans des casiers de bois blanc, les châssis se
pressent l'un contre l'autre, des douzaines de
toiles attendues à Paris. Pour chacune, le maître,

aidé de collaborateurs bénévoles, recommence l'exercice indescriptible d'une séance d'après le modèle. Quelqu'un lève, l'autre baisse le chevalet, on le pousse à droite, à gauche, selon l'ordre du maître, pour économiser les mouvements et les cris de douleur. Chaque fois que le pinceau doit être rechargé sur la palette, c'est un travail, comme de soulever une pierre. Mais l'œuvre s'achève, blonde, sereine, robuste. L'esprit a triomphé de la matière.

Que n'ai-je osé, vous emmenant avec moi, chère Olive, vous donner la réconfortante vue de ces choses, de la patriarcale existence d'un artiste déjà installé dans la gloire!

Dans la salle, des hommes, des jeunes filles ; ces gens semblaient attendre là pour servir, surveiller, aider le Patron. Des élèves, des admirateurs ? On ne sait qui sont ces satellites ; maîtres et domestiques, enfants et adultes, sont là *pour lui*, chacun joue son rôle utile et anonyme.

Et nous ne pûmes retrouver votre chauffeur, Olive, car le vin du cru à pleins verres était versé dans la cuisine ; la villa de Cagnes est une bonne halte.

Rentrons ! Après-demain, je serai à Paris ; vous reprendrez vos visites aux bric-à-brac de Toulon ; vous achèterez des Vuillemancin. Nous nous écrirons.

AVRIL 1914.

NOTES SUR LA PEINTURE MODERNE

(A PROPOS DE LA COLLECTION ROUART (1)

DEGAS. — *Revue de Paris*, 1913.

Pour Paul Valéry.

I

« Il est de très inoffensifs révolutionnaires... »

Nous n'étions pas retourné, depuis dix ans, dans l'hôtel qui porte le deuil de M. Henri Rouart. Peu avant la dispersion, sous le marteau du commissaire-priseur, des œuvres d'art qui nous attiraient jadis à la rue de Lisbonne, il fut une fois encore permis à d'anciens habitués, de revoir cette incomparable collection de peintures et de dessins, accrochés aux murs que nul d'entre eux

---

(1) Deux ventes aux enchères ont dispersé la collection Rouart, du 9 au 18 décembre 1912.

16.

n'avait plus quittés depuis qu'il y avait trouvé sa place. Ces appartements, marqués au coin du second Empire et décelant un total mépris de l'arrangement décoratif comme on le recherche aujourd'hui, avaient l'aspect un peu négligé des maisons sans femmes; les cadres se chevauchaient l'un l'autre ou venaient bord à bord, créant une confusion. Il fallait prendre de la peine, pour ne voir qu'une chose à la fois et, l'ayant trouvée, l'isoler, la mettre en valeur. Tout ici, d'ailleurs, semblait hors de notre temps, appartenait à des hommes qui pensaient, parlaient, agissaient d'autre façon que nous.

Pût-on laisser intacte cette collection, comme un musée Plantin, pour apprendre ce que fut hier à ceux de demain, qui n'auront pas connu cette race d'amis maniaques de la peinture : leurs goûts, les idées qu'ils eurent de l'art et de la vie ; et les fils Rouart nous diraient dans quelles conditions leurs pères ont formé leurs trésors, comment ils vivaient. Il y a autant de dissemblances entre ce type d'hommes et les amateurs du xxᵉ siècle, qu'entre la peinture du milieu du xixᵉ siècle et celle de 1912. Aujourd'hui tout s'étale. Hier, on cachait ses biens et ses amours.

Voici quelques notes, sans ordre, quelques

réflexions que nous inspire une dernière et très mélancolique visite à la rue de Lisbonne.

*
* *

Le commencement du xxᵉ siècle aura marqué une séparation brusque entre une certaine manière d'être artiste *pour soi* (qui ne se prolonge plus que comme un malade, à force de soins) et la condition d'une société où la peinture semble livrée au litige indéfini d'innombrables certitudes.

A force de tirer sur la chaîne, des maillons cèdent, que rien ne ressoudera. Pour les « traditionnalistes », si le branlebas sonne au milieu de leur carrière, et s'ils ne sont pas endormis, qu'ils collent l'oreille au sol et écoutent le bruit de la jeunesse en marche ; curieux, intéressés, préoccupés même ; mais non sans pitié pour leurs aînés ou leurs cadets, qui restent impassibles comme des sourds devant une locomotive d'express.

Il y a des artistes pour qui toute nouveauté est négligeable et mauvaise ; d'autres qu'attire *a priori* l'inconnu et qui, d'avance, applaudissent même l'inventeur dont l'expérience infirme la leur. Bien peu qui ne se sentent inféodés à un parti et ne deviennent les esclaves d'amitiés, de camaraderies ou d'habitudes. Parmi les plus intelligents et les

plus fiers, combien osent confesser leur émoi ?
Ils ont peur ; aussi est-ce la louange aussi empha-
tique que l'insulte, ou bien le silence pusillanime
des timides qu'on dirait tapis dans leurs demeures
pendant que les coups s'échangent dans la rue.
Plus répandue et plus grave encore, l'indifférence.
Elle augmente chaque jour : l'indifférence du
spectateur, las d'entendre trop parler d'art, de
voir trop de choses et qui se retire, à mesure qu'on
le sollicite plus de se mêler aux acteurs et aux
auteurs du drame ; car on ne peut longtemps
parler de ce qu'on feint seulement de connaître
et d'aimer, et l'on passe vite sur un autre terrain
où le pied est plus solide ; enfin l'indifférence du
producteur dont le mouvement devient machinal
au milieu des disputes et des théories qui se
succèdent. J'allais omettre celui qu'ahurit le zèle
même de ses suivants, qui le dépassèrent si vite !

Afin d'aider le public artiste à s'y reconnaître,
il serait de saison que ceux qui consacrèrent
l'exercice de leur esprit à l'étude de ces questions
d'hier et d'aujourd'hui, essayassent d'y mettre
un peu d'ordre. Élevés dans une religion qui
périclite, certains pourraient du moins célébrer
les douceurs qu'ils y goûtèrent, déplorer la tié-
deur de ses fidèles et rappeler à ses détracteurs

quels furent son éclat et sa beauté. Plaidons pour
de « nobles victimes ». Épargnez-les, messieurs
les bourreaux !

Quelques-uns chérissent encore ces vieilles
rues chaque jour menacées, abattues, décor dans
lequel ils furent élevés, auquel ils souhaitent
qu'on ajoute tout ce que commande la vie moderne, mais jugent néfaste qu'on anéantisse au
lieu de construire plus loin. Hélas ! le terrain
manque ; il faut de plus larges voies, de l'air,
et, à côté des façades d'un intérêt rétrospectif,
celles qui accusent le dispositif intérieur dicté
par des usages récents. Mais ne nions pas le
charme des boiseries sombres et des pignons sans
prétention de jadis. Fussions-nous enclins à préférer à ces choses désuètes la clarté des couleurs
fragiles et des combinaisons à la mode, il convient
qu'une pudeur nous retienne d'en faire trop état.

Il est dur d'être l'exproprié d'un bel hôtel qu'on
transformera pour le commerce. La mélancolie
de Chateaubriand est légitime, d'embrasser deux
mondes et de pouvoir comparer deux siècles dont
il est. Parfois on préférerait d'être né plus tôt ou
plus tard et s'épargner des doutes et l'inquiétude
particulière à l'ère présente. C'est une sorte de
devoir, semble-t-il, pour ceux qui ont un pied

dans deux sociétés, de saluer celle qui s'en va,
d'essayer de la rendre compréhensible et aimable
à ceux qui viennent. L'occasion leur est fournie,
par la mort des deux frères Rouart, de revoir
comme un album de photographies tout un monde
français, parisien de bonne souche, des visages,
des intérieurs, des réunions animées par le plus
vif sentiment de l'art, dans une atmosphère qu'on
ne respire plus ; celle où vivaient les modèles de
Fantin-Latour.

*
* *

La maison de M. Henri Rouart se ferme aujour-
d'hui après celle de M. Alexis Rouart. Hélas ! les
collections fameuses, comme les terres, ne passent
plus de père en fils. Les fortunes plus fluctuantes,
l'humeur changeante, un désir immodéré d'essais,
d'aventures, de voyages, les distances abolies par
des moyens de transport rapides et divertissants,
nous désaccoutumèrent de la stabilité. Des tribus
sans cesse en migration emportent avec elles et
déposent le long de la route, au hasard des relais
et des rencontres, leurs fragiles possessions. Un
objet, si précieux soit-il par lui-même, ou par
des souvenirs qui devraient tenir à la chair de
son propriétaire, qui sait où il ira ? Nulle œuvre

que nous puissions croire destinée à se détruire
normalement sur le coin de terre pour lequel l'artiste la créa. Mélancolique destin des pierres de
nos églises, des meubles de nos châteaux, de nos
portraits d'aïeux et de nos parchemins qui, chaque jour, passent la frontière ou l'Océan, perdant
de ce fait la plus belle part de leur sens et de leur
valeur profonde de racine.

Reconnaissons avec gratitude la contre-partie
de cette émigration quotidienne : des êtres généreux ou peut-être mus par un désir d'attacher
leur nom à quelques glorieux noms d'artistes, et
pour laisser une trace d'eux-mêmes, comme l'acteur
en quête de photographes ou de biographes à
fin de se « prolonger » après que sa voix se
sera tue, des collectionneurs magnifiques lèguent
aux musées des trésors inestimables. Mais la spéculation et la montée scandaleuse des prix offerts
pour les œuvres d'art classées, rendent souvent
irréalisable le désir d'un collectionneur. Il faudrait que celui-ci fût toujours un célibataire !
Oui, mais il y a plus : léguer une collection à
l'État n'est point un geste simple à faire. Vous
ne savez jamais qui décidera de l'acceptation ou
du rejet de votre don, quel esprit inspirera les
Comités dont dépend l'avenir de votre legs — du

moins dans notre pays de France. Je me rappellerai toujours les pathétiques précautions et les craintes touchantes dans leur exagération, celles de M. Degas, alors qu'il combinait les systèmes les plus extravagants afin d'hospitaliser, de son vivant, les toiles et les dessins d'Ingres, les Delacroix, les Manet et autres pièces choisies avec une admirable sagacité pour sa plus intime satisfaction. Tout plutôt qu'une *vente publique*, de ses études, de ses cartons pleins de chefs-d'œuvre.

Nous n'avons pas un vrai Musée moderne; on sait les lenteurs administratives à construire un nouveau Luxembourg. Quant au Louvre, il faudrait qu'il pût s'étendre en tous sens. Des grincheux se plaindraient d'un énorme cimetière au cœur de Paris, dont les émanations vicient l'air. Vous savez le lieu commun sur le musée-tombeau. Les musées ont, du moins, des vitrines gardées! La Joconde?... dira-t-on. Les gardiens somnolent... Oui certes; la Commune de 1871 a failli incendier le Louvre.

Une guerre est à craindre... Les dangers sont partout.

L'École des futuristes, dans un retentissant manifeste, a demandé la fermeture des musées ou leur suppression par mesure d'hygiène. Tout ce qui date, tout ce qui a duré est désormais menacé dans un monde qui bâille d'ennui et voudrait oublier son passé.

*
* *

Si l'hôtel Henri Rouart était devenu un musée, à nos esprits il eût donné une direction et des assises. Les collections Henri et Alexis Rouart ne devraient point quitter la France. Nous avons eu l'espoir pendant quelque temps de garder parmi nous, dans son intégralité, celle de Henri, grâce à la piété unanime de ses enfants. Puisque tout arrangement fut impossible, disons adieu à tant d'œuvres d'art qui sont l'honneur de notre xixe siècle. Pour ceux qui ont connu ces messieurs Rouart, et plus, fait partie de cette classe de vieux Parisiens, « grands bourgeois », artistes, les images et les souvenirs qu'évoque leur nom seront doux et précieux. Avec ces amateurs à l'ancienne manière, disparaissent à peu près les derniers d'une génération forte et l'on saura peut-être plus tard l'importance du rôle qu'ils auront utilement joué dans notre pays. Bientôt la trace s'effacera des Marcotte, des F. Moreau, des Dutuit, des Tomy Thierry, des Doria, continuateurs des Lacaze ; et sous la ruée des milliardaires irresponsables d'Amérique, aussi bien que de la nouvelle ariso-

cratie industrielle et financière d'Allemagne et
de Russie, le type si agréable du modeste chasseur de peinture sera anéanti, du chasseur dédaigneux des rabatteurs et de l'appareil un peu
théâtral qu'exhibe le propriétaire de Seine-et-
Marne pour abattre beaucoup de pièces, sans
quitter presque la salle où il mange dans de la
vaisselle plate. Aujourd'hui, les gens du monde,
les plus authentiques aristocrates, s'ils n'ont pas
hérité, avec les portraits d'ancêtres dont ils se
séparent d'un cœur léger, une ample fortune,
non seulement se font marchands de curiosités,
— mais « intermédiaires ». Dans une société où
tout est à vendre, d'aimables gens de cercle, jadis
contempteurs de tout, hormis les sports, accourent, le monocle à l'œil, tâchent de distinguer un
Fragonard d'un Dubufe le père, au premier appel
d'une famille dans la gêne et que tente l'appât
d'une grosse somme. Ils accourent pour se charger de « placer » le chef-d'œuvre et tendre la
main. Peut-être, d'ailleurs, l'éducation de ces
singuliers professionnels (inavoués!) se fera-t-elle
avec le temps. Les ventes célèbres, les catalogues
illustrés, l'incessante réclame des marchands qui
publient les cotes d'une nouvelle Bourse artistique : voilà plus que de nécessaire pour se faire

une opinion de club. Il y aura, cependant, cet
obstacle à se prononcer sur des ouvrages un peu
anciens : les « pedigrees » dont on se munissait
naguère seront faussés ou l'on en fabriquera,
comme on fabrique des meubles anciens, des
Boucher et des Gainsborough.

Le public commence à s'inquiéter. Les originaux qui, dans les familles, furent déjà remplacés
par d'adroits fac-simile, seront bientôt confondus
avec ceux-ci et de successives copies, de moins en
moins fidèles, tiendront sur les panneaux du salon
la place de l'ancêtre, exilé aux Amériques. Chacun
sait qu'il y a dans le Paris moderne trois caté-
gories de peintres : 1° ceux qui font du néo-
impressionnisme et en vivent plus ou moins bien,
mais célèbres ou en passe de le devenir; 2° ceux
qui languissent, attachés à l'académisme; 3° les
plus habiles, qui préfèrent l'incognito, et tra-
vaillent à la manière des maîtres — sans signer.

Je connais en province un brave notaire tout
fier de posséder un faux Corot qu'il tient d'un
parent *ami intime du maître*. Ici l'histoire et la
vérité sont dans des rapports mystérieux, mais
comment le détromper, l'excellent homme? Je ne
m'étonne plus de ce que me disait un « réparateur » auquel j'avais porté un pastel à nettoyer.

Ne l'ayant pas trouvé chez lui, j'avais dû écrire
« l'objet de ma visite » sur une feuille imprimée,
que je remis à un serviteur en habit et cravate
blanche. Le « réparateur » venant ensuite chez moi
me demanda si, en l'attendant, j'avais jeté un
regard sur les murs de son « appartement particulier. » Comme j'excipais de ma discrétion, il me
pria de revenir dans son « somptueux rez-de-
chaussée », qu'égayent ses enfants, de charmantes
jeunes filles souvent au piano, et de prendre la
peine de considérer sa collection : « Il n'y a
pas un de mes tableaux — dit-il — qui ne soit
l'œuvre de *mes jeunes artistes*, monsieur, et vous
devez avoir eu plusieurs d'entre ceux-ci parmi
vos élèves. Ils sont assez pratiques, maintenant,
pour préférer une carrière lucrative aux difficultés où s'énervent des garçons plus ambitieux. »

Et comme je lui exprimais mon dégoût, qui
le faisait rire, il ajouta : « Je ne trompe personne; je ne les vends pas, ces arrangements,
pour des originaux. Plus tard, au loin, ce qu'ils
deviennent... serait-ce à nous de nous le demander ? »

Mais si ce réparateur « ne veut rien savoir »; ce
que deviennent ses faux, nous, nous le savons. Ils

peuplent les collections et achèvent de semer le
soupçons dans l'âme déjà trop inquiète de ceux
qui collectionnent.

*
* *

Les frères Rouart étaient des ingénieurs, anciens élèves de l'École Polytechnique : Henri,
l'aîné, celui dont nous déplorons que l'admirable
galerie soit mise en vente, gagna dans l'industrie une fortune dont il fit l'emploi que vous
savez. Il se destinait au métier des armes et
comptait faire, en amateur au moins, de la peinture, pour laquelle il avait un goût très vif et
des dispositions ; tel semblait être son avenir,
si des événements ne l'eussent placé à la tête
d'un établissement métallurgique, ensuite prospère sous son intelligente direction. On cite de lui
plusieurs découvertes dans l'ordre de la mécanique. « Il apporte aux problèmes de la science
nouvelle — écrit M. Arsène Alexandre dans une
excellente étude — le même instinct précurseur
qu'il a prouvé à l'égard des questions artistiques. »
« C'est ainsi que successivement, les applications
du froid, les tubes pneumatiques pour la correspondance, les moteurs à gaz et à pétrole, attirent
dès la première heure ses facultés d'invention et

de compréhension. » — « Sa vie active a été vouée
à la science, sa vie idéale s'est complue dans l'art
— harmonie que l'on voyait jadis couramment »,
ajoute M. Alexandre. En effet, c'est là un des
traits si significatifs des générations qui nous ont
précédés. J'ai connu nombre d'amis de mon père
dont le principal souci était la musique et **la**
peinture, quoiqu'ils fussent, quant à elles, d'une
modeste réserve, dans leurs entretiens, par une
jolie crainte, si souvent dénuée de fondement, de
parler d'art à la légère. Ils étaient respectueux,
parce qu'ils *comprenaient* et *sentaient*, mais ils évi-
taient le jargon d'atelier pour ne pas assumer un
ridicule si fréquent parmi nous. Les convives de
M. Henri Rouart étaient presque tous d'anciens
polytechniciens, ingénieurs, officiers d'artillerie,
ou des industriels comme leur hôte; et ces messieurs avaient l'habitude de la *précision*, ils étaient
des spécialistes dont le langage technique, les
connaissances scientifiques, l'esprit d'ordre et de
discipline plaisaient tant à M. Degas. Aux dîners
du mardi, ils écoutaient M. Degas : ces *hommes*
de la partie écoutaient l'homme *de la partie*.

Passionné d'art, M. Henri vécut à l'époque où,
avec quelques moyens, il était encore possible
d'acquérir des tableaux, sans avoir à passer par

l'intermédiaire, professionnel ou non. Henri et Alexis, liés avec M. Degas dont nous parlerons tout à l'heure, durent connaître la plupart des grands artistes de leur époque ; et quelle époque fut la leur ! Ces Messieurs se trouvèrent au milieu de l'école dite de Fontainebleau, assistèrent à la fin de l'école de 1830, à l'apparition des Impressionnistes, puis à celle de leurs continuateurs. C'est-à-dire que la plus « racée » production du génie français, ils l'ont vue éclore. Ingres, Delacroix, Th. Rousseau, Barye, Decamps, Diaz, Corot, J.-F. Millet, Daumier, Degas, Renoir, Manet, Puvis de Chavannes : voilà quelques-uns de ceux qu'ils ont connus, d'abord contestés et ignorés, puis montant vers la gloire ; et c'est dans le grenier de ces peintres-là que les Rouart firent leur choix, paisiblement, sans la fièvre ni le trouble de leurs continuateurs. Ils collectionnèrent, comme des peintres fortunés, pour leur joie et leur instruction.

L'hôtel Drouot, où ils passaient tous les jours, si l'on considère ce qu'il est encore aujourd'hui pour les fureteurs qui savent voir et qui ont les loisirs du pêcheur à la ligne — fut l'abri temporaire d'inépuisables viviers. La rue Laffitte, Durand-Ruel, comme les magasins borgnes de

Montmartre, surtout les ateliers d'artistes, les meilleurs en relations avec les Rouart : voilà une vaste zone d'exploration. Le tout est qu'on ne se disperse en de vaines curiosités et d'avoir un *goût déterminé*. Or les deux frères, sans être exclusifs, avaient de fortes préférences, je dirais, des vices. Alexis, tout dévoué aux petits maîtres de 1830 — peintres, graveurs, sculpteurs, à la céramique et à la gravure chinoise et japonaise; Henri, le peintre amateur, se cantonnait dans la peinture et le dessin.

Comment définirons-nous ce qu'il appelait « un tableau » ? Eh ! quoi ? simplement : ce qui est *de la peinture* et ne veut être que cela. Celui qui a le sens inné « *de la peinture* », s'il commet des erreurs, elles ne sont jamais bêtes. Son intérêt se portera peut-être quelquefois vers des pièces de moindre valeur, pour une simple qualité de vision ou de coloris; mais il sera toujours en garde contre les faux-semblants et les charmes éphémères des lauréats du Salon et des gros succès de presse. On serait tenté de dire qu'au temps des Rouart, il n'y eût encore que deux genres; le succès académique était celui de la seule mauvaise peinture, des toiles qui racontent une histoire amusante, touchante ou noble, dans une

langue banale — le reste (la bonne peinture) étant
la cible du public. Au choix du collectionneur
s'offrait un espace plus circonscrit qu'il ne l'est
devenu, où l'on ne s'attendait point à rencontrer
à chaque pas un jeune maître en herbe. Le collectionneur savait où il allait, sans tourment à
la pensée qu'après tout, il y a peut-être du génie
dans une *tache*, dans une « *intention* ». On se faisait d'une peinture une idée très définie; une
certaine correction grammaticale était de rigueur.
Les généralités extrapicturales, on s'en souciait
peu; on était ignifugé contre le terrible snobisme et peu défiant de son propre instinct. Le
problème avait moins de facteurs qu'aujourd'hui;
il se bâclait beaucoup moins de tableaux, il y a
trente ans, et les théoriciens ne primaient point
le peintre.

Deux ou trois toiles de Cézanne, dans l'hôtel de
la rue de Lisbonne, signalent la clairvoyance de
Henri Rouart; mais son fils Louis me dit que son
père, charmé par les dons du coloriste, « n'y attachait pas trop d'importance ». Je me rappelle en
effet, comment on discutait alors Cézanne. A part
Renoir, je ne crois pas que les Impressionnistes
aient prévu l'avenir de l'étonnant peintre d'Aix.
Ils n'étaient pas des théoriciens.

17.

Ceci m'amène à parler d'un homme que j'aime et que j'admire, mon confrère M. Maurice Denis; son livre *Théories*, remarquable par le fond et la forme, est d'un grand artiste et d'une intelligence merveilleuse, mais « il est fort dangereux » — comme aurait dit M. Ingres. Denis s'est fait une « *Théorie* » logiquement issue de son talent et applicable à son œuvre. Sa fertile moisson de décorateur et d'incomparable illustrateur est là qui nous l'atteste.

Mais la charge à fond contre *l'imitation*, « dada » des néo-impressionnistes, aboutirait à des formules où la raison seule interviendrait, ou à un art strictement ornemental et décoratif, à peine différent de celui des Persans et des Chinois. Ce serait la fin du tableau comme l'ont conçu les hommes de notre race sensible.

Le plus exact rendu des objets : c'est ce à quoi s'appliquent les Grecs, les Romains et les Occidentaux en particulier. Des exemples historiques si connus qu'il serait oiseux de les rappeler ici, abondent chez les auteurs. Depuis le collège nous les savons. Le trompe-l'œil *date de l'Antiquité*. Les Italiens du xvi⁰ siècle s'y délectent et le décor architectural en tire de très heureux effets. Or c'est contre *l'imitation* que les suscep-

tibilités doctrinales du néo-impressionnisme se
déclarent.

*
* *

La collection H. Rouart aura été l'une des dernières à passer sous nos yeux, et que ne désho-
nora nulle trace de complaisance à *la mode*, d'un
désir de paraître audacieux, « averti », « avancé »,
« *fauve* ». Le bourgeois français qui la forma, qui
aurait pu être peintre professionnel et dont la vie
avait fait un métallurgiste, n'était pas un homme
d'argent, et qui achète des œuvres d'art ainsi que
des valeurs de bourse. Ces braves gens-là avaient
de la tendresse — qu'ils cachaient souvent comme
l'objet de cet amour — pour des tableaux, pour
des bibelots.

Je crois que tous les maîtres de la galerie
H. Rouart furent sans théories, sans « manifestes », et leurs œuvres sont d'avant l'heure
où le peintre devint *conscient* et commença de
tenir plus à ses idées qu'à l'acte joyeux de peindre,
sans obéir à d'autres ordres que ceux de son instinct. D'où cette diversité, et certain air de
famille aussi, chez des artistes d'une même éducation. Vous lasserez-vous moins vite de la
palette monotone des néo-impressionnistes et de

l'unique emploi des tons complémentaires ou systématiquement divisés? Le jour où Gauguin ramena le tableau au brutal coloriage d'un Calvaire breton ou d'un jouet russe, plus de toiles de chevalet, et le beau « métier » de peintre tombe en désuétude. Que l'on ne dise plus, de grâce! que notre technique, sûre désormais d'être inférieure à celle des maîtres, il est inutile de s'en préoccuper; si l'on a décrété cela, ce fut dans les premières heures d'une allégresse nouvelle de néophytes. La nouveauté des effets subtils qui frappaient une rétine ultra-sensible, enivra des hommes « libérés » récemment de vieux idéaux; leur hâte à rendre des mouvements et une qualité de lumière tenus pour extra-picturaux par leurs précédesseurs, leur présomption d'initiateurs encensés par la camaraderie et la littérature, la nécessité de se singulariser à tout prix : voilà ce qui, en quelques ans, fit du peintre cette sorte de monstre qu'il est devenu.

La vie et le rôle de l'artiste actuel sont d'un « *halluciné* ». Il ne lui reste plus rien des conditions naturelles du peintre. La société lui demande de produire des œuvres pour lesquelles il n'y a l'emploi, d'où rapide transformation en une sorte de décorateur tapissier, que rend mé-

diocre la médiocrité de son employeur et de
l'habitacle moderne. Je ne jetterai pas la pierre
à ceux qui ramenèrent notre art vers des préoccupations nouvelles, vers un goût des couleurs
pures et décoratives. Mais il semble que la peinture actuelle soit, plus qu'aucune autre, « un
mode d'hallucination » (comme dit M. Denis) où
l'on veuille mettre trop d'esthétique, où le calcul
la mathématique se glissent malencontreusement.
Cette menace ne sera-t-elle pas plus alarmante,
à mesure que la raison voudra contrôler, pis
encore : réclamera des théories ? Ici se pose à nous
un problème dont nous pouvons à peine entrevoir
la solution, dans le tohu-bohu de nos incessantes réformes. Et c'est en considérant le calme
où il semble qu'aient produit nos prédécesseurs à
l'époque des Rouart, que l'on déplore davantage notre trouble et notre trépidation.

On ne saurait trop insister sur ceci : de nos
jours, il n'y a plus d'opinion en matière d'art.
Celle des peintres est plus que suspecte, elle est
tenue pour nulle par cette meute de critiques
professionnels ou d'hommes de lettres-critiques
qui reçoivent une demi-information du peintre
qu'ils expliquent ensuite à lui-même. Artistes,
critiques d'art, marchands de tableaux, ama-

teurs et financiers, réunis en un syndicat de
publicité et d'affaires, précipitent la déroute; et
bientôt s'ouvrira une ère de désintéressement
total de l'art, et d'industrialisme, d'où l'artiste
sera chassé comme un parasite indiscret et
encombrant.

*
* *

Dans la galerie Henri Rouart, tout était serein
et lucide, logique, stable et rassurant. Je ne
devrais pas dire « galerie », car les innombrables
cadres, pressés l'un contre l'autre dans cette
maison si « vieux-jeu », semblaient faire corps
avec le mur et les meubles. L'argent dépensé
par « le richard » de la veille ne donnera pas cet
attrait charmant des chambres où chaque chose
a son histoire dans la famille. Les tableaux
chez les frères Rouart, on sentait qu'ils étaient
comme des parents aimés, mais discutés. Ce
n'étaient pas des numéros de catalogue, des pièces
de vitrine, ni ces fantômes de livres précieux,
dans des bibliothèques-cercueils où l'on dirait
que le dos de la reliure compte plus que le texte.
Le long de l'escalier, de la basse cimaise jusqu'au
plafond, des étages de cadres ternis, « *à canaux* ».
Une soixantaine de dessins ou pastels de J.-F.

Millet. Avec Corot, Daumier et M. Degas, notre
cher Millet fut au plus près du cœur d'Henri Rouart
— et quel plus tendre compagnon pourrait-on
s'élire? Pourtant le nom de Millet aura connu les
oscillations de la mode. Une gloire tardive, après
les pires angoisses, gloire déjà pâlie, et suivie
d'une pédante ingratitude. Millet commence
d'*ennuyer*, avec sa palette monotone; on le trouve
sentimental, terne et un peu factice! Or, pour le
Français de l'Ouest, s'il jouit du bienfait de la
vie aux champs, point une minute de la journée,
de chaque saison, un geste ni une figure de Normand; et point d'arbre, de haie, d'instrument
aratoire qui ne s'embellissent de la sainte onction
et de la majesté que J.-F. Millet leur a départies.
Il semble que ce maître peintre soit un des plus
grands classiques de notre race. Il eut tout pour
lui : l'imagination, la sensibilité, une âme de poète
et une forte intelligence directe (lisez ses lettres)!
et doué si magnifiquement pour la plastique,
qu'on ne sait s'il n'eût fait un aussi beau sculpteur
qu'un peintre. A l'huile? sa matière est précieuse,
robuste et délicate comme celle des Hollandais
et pourtant l'exécution est moderne, vibrante, aux
tons plus savamment ponctués que ceux de Pissaro,
parfois *divisés*. Sans doute sa couleur est souvent

roussie ou grise. **M.** Signac qui s'autorise de Delacroix pour pointiller et diviser des tons de chromo-photographie, des confetti niçois, l'auteur du plus récent manifeste post-impressioniste, reprochera à Millet de l'attrister et de n'être pas « décoratif ». Non, Millet n'est pas décoratif dans le sens actuel de ce mot. Mais n'est-il pas plus que cela? Tel que les autres artistes de la collection H. Rouart, Millet ne prétendait qu'à exprimer dans un cadre, ses joies, sa sympathie, ses tristesses, son émotion en présence de l'homme rural, son frère. Tant que nos semblables auront un cœur pour s'émouvoir des inquiétudes du paysan, de son labeur sur la terre exigeante, sous le ciel menaçant ; tant que l'aube, midi, le crépuscule du soir auront un sens pathétique, comment J.-F. Millet saurait-il être contesté? Son œuvre, touchante comme sa vie, est, plus que ses modèles si près eux aussi de la nature, une synthèse de la nature elle-même. Il a supprimé les détails secondaires, pour faire un bas-relief dont le style nous fait songer à l'antique.

On voudrait pouvoir s'étendre sur le cas de Millet. L'indifférence d'une notable partie du public artiste à son égard nous désespérerait, si nous ne nous rappelions qu'il faut au moins un

demi-siècle après la mort d'un génie — un génie
reconnu de son vivant, fût-ce trop tard — pour
que l'on réapprenne à le vénérer. Il n'est pas une
des phrases courantes du critique contemporain
sur Cézanne, dont on ne puisse décrire Millet ;
mais pour Cézanne, afin de mettre en évidence ce
qu'il a parfois de supérieure naïveté, pour ne
voir que sa « noblesse », on ferme les yeux sur
ses défaillances, tandis que pour Millet, maître
ouvrier qui se réalise au total dans un tableau
complet comme dans un croquis au crayon noir,
sa perfection se dresse entre lui et nous, telle
qu'une grille entre le religieux cloîtré et ses parents.

Je rapproche ces deux noms à dessein, parce
qu'il me semble que l'appellation de « grand classique », devenue banale, chaque fois que revient
une toile de Cézanne dans une exposition, le mot
classique (si *utile* dans les manifestes et les doctrines de post-impressionnisme), nul peintre qui
ne le portât mieux que Millet. Poussin, autre nom-
bouclier d'avant-garde, n'est-il pas un ancêtre de
Jean-François ?

Tant pis pour ceux que ne touche plus la symphonie pastorale de J.-F. Millet. Nulle part je ne
l'ai mieux entendue que dans l'hôtel de la rue de
Lisbonne, à la dernière visite que j'y fus.

M. Henri Rouart, malade et pouvant à peine
se lever d'un fauteuil qu'entourait la famille
anxieuse du vieillard, tint à me reparler de Millet,
et s'appuyant sur mon bras, se traîna jusqu'à un
coin obscur où il alluma une bougie, pour me
montrer un tout petit dessin dont j'avouais ne
pas me souvenir. Ce jour-là, plus encore que de
coutume attiré par des vues de Rome par Corot
et par sa *Femme en bleu*, avais-je écouté plus
froidement certain discours ému sur le moderne
Virgile? Je ne m'en souviens. Mais je parus tiède au
maître de la maison, dont le ton ne permettait
point une pareille inconvenance, et heureusement
je me ressaisis.

Pas une de ces feuilles d'album, nul de ses
légers croquis à l'encre ou au crayon Conté, qui
ne soit *un tout* construit, réalisé. Agrandi à la
lanterne magique, le dessin de Millet, loin qu'il
se déforme, prend plus de force encore et de
cohérence. Ses paysages ne sauraient être mis en
parallèle qu'avec les pointes sèches de Rembrandt.
Est-ce du trompe-l'œil? Non, mais c'est si
caractérisé, si défini, vu d'un œil si juste! ceci
est un bouleau; là, c'est un hêtre; derrière ce
hêtre, le dôme des marronniers autour du manoir
normand, dont on pourrait reconnaître la brique,

le grès, le silex. Pourtant, comme cela est libre, large, « synthétique »!...

Un autre maître de la galerie Rouart, Barye, aussi remarquable dans ses gouaches et ses études dessinées, que dans sa sculpture, s'apparente aux médailleurs grecs et florentins. Ses fauves sont si savamment copiés, que parfois dans un dessin au trait, le modelé, l'épaisseur de l'animal, son poil, sa couleur presque, ses zébrures sont suggérés par la justesse de ce trait.

Il fallait voir encore Daumier, chez Henri Rouart : Delacroix, Millet, Barye et Daumier, les « vices » du collectionneur.

*
* *

Cette galerie fut, bien auparavant, l'occasion d'une scène que je me reproche encore d'avoir provoquée. Fritz Thaulow ne connaissait de la peinture que les œuvres des deux Salons. Quant aux musées, ils attristaient Fritz. Les rapports étaient donc embarrassants avec lui, dès qu'on souhaitait plus que de jouir paisiblement de son exquise cordialité. Ce Wotan scandinave était un enfant. Heureux de ses succès, dans toutes les parties du monde expédiant des paysages enlevés en quelques coups de brosse pour les pinacothèques et les collections particulières, le bon Thaulow était trop décoré, trop assis dans la gloire pour s'être inquiété sur son propre mérite. Mais vers la fin de sa vie, Thaulow eut le malheur de vouloir enfin connaître ce que nous appelions « peinture » et qui jamais ne semblait désigner ni la sienne ni celles des lauréats des concours internationaux. Les mots de M. Degas répétés devant lui l'énervaient, car il devinait du mépris et un blâme pour ce dont il était la plus « mondiale » personnification. Alors il me pria de lui faire voir *de la peinture*, et, un mardi, je l'accompagnai chez M. Henri Rouart. Dès l'entrée, il ne put retenir cette exclamation :

« — Planche! vous n'aimeriez pas vivre dans cette maison! comment, vous dites que M. Rouart est un homme de goût? Mais regardez ces meubles, ces tentures, comme chez un dentiste... les murs sont « prune », les étoffes sont chocolat; et ces lampadaires dorés? Non, Planche, cela c'est de la province et du Louis-Philippe. »

Thaulow se croyait à l'avant-garde. Entre Munich, Berlin, Copenhague, il s'était fait une conception de l'ameublement dont le salon d'automne de 1912 révéla aux Pouvoirs publics les teutonnes audaces. Mettez un tableau de Delacroix dans une chambre modern-style, et vous saurez incontinent qu'un fossé s'est creusé entre l'art de naguère et l'art d'une société en formation. Thaulow (le beau-frère de Gauguin!) était béat devant les plus violentes recherches de couleur. Les tons vifs et frais le charmaient, comme les verroteries les sauvages. J'insinuai à mon cher Thaulow que certains meubles étaient signés Jacob, que Jacob le fameux ébéniste était l'aïeul de ces messieurs Rouart. Thaulow erra dans le vaste atelier où M. Rouart avait peint au milieu des Chardin, des Corot, des Goya et des Greco. La copie par Degas de l'*Enlèvement des Sabines* du « Poussin et *le Poèle* de Delacroix, firent déborder l'amertume de Fritz, qui dit :

« — Si c'est cela « de la peinture » je puis bien me pendre. Tout cela est *prune!* (brun) ».

Thaulow ne se pendit pas. Mais, à dater de cette visite, s'inquiéta ; il voulut faire de « la peinture » et il mourut mécontent, soucieux. Il y a des choses qu'on ne dit pas aux enfants.

J'ai plusieurs fois parcouru la collection Rouart avec des étrangers que l'espérance de voir « du Degas » excitait, et, s'ils étaient francs, la plupart s'avouaient déçus. C'est que, dans son ensemble, cette collection avait un aspect sombre et sérieux auquel on n'est plus accoutumé. Mises à part quelques œuvres de l'Américaine Mary Cassatt, qui doit à l'amitié de son maître, Degas, l'honneur d'y avoir été admise, l'ensemble était purement français et de ce style qui étonne et éloigne par ses qualités mêmes, par son maintien austère. Non, les personnes désireuses de choisir quelques coloriages propres à orner une demeure moderne, n'étaient pas alléchées ; Corot lui-même les réfrigérait par la merveilleuse série des vues d'Italie et autres études datant plutôt de sa jeunesse et pourtant de la même main qui, plus tard, enlevait trop rapidement ces paysages flous et trop gentils, lesquels montent, en tous pays, à des prix fantastiques : le Corot de la collection Chauchart, le Corot qui voisine sous les lambris dorés, avec Ziem, Meissonier et Henner, enfin les « Corots chers », M. Rouart les évita, étant trop artiste pour ne leur préférer ces petits prodiges de vérité, de délicate poésie du maître au seuil de la popularité.

Ces Corot de 1830 à 1880, les musées les cherchent aujourd'hui ; mais le temps n'est pas loin où l'on n'en voulait pas. Fritz Thaulow n'avait assez de sarcasmes pour certaine fabrique sous un divin ciel bleu d'août, qui éclaire le cabinet où j'écris ces lignes. Le propriétaire de cette fabrique avait commandé à Corot, en 1831, deux tableaux de même dimension, deux « pendants » : l'usine de ce filateur de Beauvais, et la fameuse *Cathédrale*. L'*usine* fut à la portée de mes modestes ressources; pour la *Cathédrale*, le marchand savait qu'il ne manquerait de la caser plus avantageusement; mais c'est moi qui possède le chef-d'œuvre : un ciel aussi lumineux, aussi transparent qu'un Fra Angelico, fait d'on ne sait quelle matière précieuse, de turquoise peut-être. Sous cet azur immaculé, un jeu de lumière inanalysable change en un écrin de plusieurs ors, les pignons et les toits d'une sorte de caserne banale; quelques personnages sont assis ou se promènent sur la place provinciale où s'étendent de longues ombres limpides. Je juge les soi-disant connaisseurs à leur attitude en présence de mon Corot. Les Hollandais seuls et les Français du temps des frères Rouart ont fait vibrer cette corde-là. C'est une musique à la française, claire, mélodique, mais si 'discrète, si intime, qu'elle risque de ne pas se faire entendre

Aussi bien est-ce cette « musique de chambre », qui sonnait si juste dans l'hôtel de la rue de Lisbonne. Rien de surprenant à ce que des visiteurs

venus de loin sans bagage, fussent, sur le seuil
un peu tristes. Les œuvres d'art, les meubles, les
tentures, comme les habitants, avaient le caractère du Paris qui s'en va. Libre à vous de ne pas
le regretter. Il vous eût été moins accueillant que
le Paris cosmopolite d'aujourd'hui — mais ne lui
refusez pas le mérite d'une âpre saveur.

II

L'utopie du Progrès a mis un bandeau
sur toutes les intelligences.

RENOUVIER, *Derniers Entretiens.*

Après la fermeture des Salons du printemps
— combien de fois ne vous a-t-on fait cette
question : Où vont tous ces tableaux? D'où vien-
nent-ils? Qu'espèrent, à quoi tendent ceux qui
les exposent? N'est-ce rien qu'un plaisir, un sport,
puisque c'est si rarement un métier lucratif?

La pensée ne prend sa valeur totale que sur le
papier, écrite, quand, de vague, il lui faut devenir
précise, ou s'évaporer en quelque sorte : épreuve
la plus concluante à laquelle nous puissions soumettre notre cerveau.

L'acte de peindre, pour des êtres intelligents,

est une épreuve analogue, et qui se mêle, comme
pour le pianiste, à la satisfaction d'un exercice physique où le corps est engagé comme l'esprit. Elle
« matérialise » la pensée, lui donne une forme que
nos sens contrôlent. Elle grave dans la mémoire,
le contour et la couleur des sites qui se déroulent
devant nous, le volume des êtres et des choses.
L'acte de peindre, dessiner ou écrire est un adju-
vent mnémotechnique. Aussi bien, les arts gra-
phiques auraient leur place dans un programme
« réformé » de classes pour les enfants, au même
titre que l'écriture. En couvrant une feuille de
papier horizontale de lettres, afin de m'exprimer
moi-même, ou si je reproduis l'apparence des
objets sur une surface verticale, au moyen d'un
jeu de signes qui suggèrent le volume de ces objets,
j'ai la conscience de pénétrer plus avant dans la
connaissance de l'univers dont je fais partie, et
ceci est mon droit. Je ne commence à dépasser
ce droit, que si je soumets aux autres ces devoirs
d'élèves. Or ces devoirs vont aujourd'hui chez le
marchand de tableaux et aux expositions.

Avant la photographie et la carte postale, le
voyageur tenait, soit un carnet de poche, journal
elu plus tard en famille, ou un album de «cro-
uis de route ». — Cela était charmant. Parmi

les incomparables dessins choisis par les frères
Rouart et signés des grands noms de l'école française du XIXe siècle, maint léger feuillet ne semble
pas avoir eu d'autre ambition.

Laissons les crayons, très poussés, de J.-F. Millet. La plupart d'entre ceux-ci précèdent des
peintures à l'huile ou des pastels, qui en donnent
la formule définitive. Degas a dit que ces « dessins
rehaussés », d'après lesquels était peint le tableau,
n'étaient pas *tachés en peintre* et ne se prêtaient
pas au jeu d'une riche et chaude palette, comme
ceux d'un Delacroix. Le cavalier qui lutte, sur
sa monture essoufflée, contre la rafale, — magnifique invention d'ailleurs, — aurait plus d'autorité
encore, si la « valeur » du ciel et de la mer était
autre ; la « gamme » manque d'une note claire,
aigre, que Delacroix eût fait chanter dans ce gris.
Il y a parfois trop d' « égalité » dans ces études.
Tout de même, c'est en noir et blanc, que Millet
dit l'essentiel, et d'un style laconique et dense.
Ce sont tour à tour d'aiguës analyses ou de fortes
synthèses. Millet reste en pleine nature loin de ce
symbolisme rudimentaire et de cette déformation
soi-disant décorative que M. Maurice Denis décrit
avec tant de bonheur, mais un peu trop de complaisance, peut-être, dans ses « Théories » à la

gloire de l'époque où l'art allait choir dans la
littérature, l'abstraction, l'algèbre. Le Salon d'Automne annonçait déjà des expositions de dessins
d'enfants, source de fraîcheur et de « renouvelle-
ment ». Bon, pour les dessins de vrais petits
enfants ! je les adore ; mais à moins d'être le
charmant douainier Rousseau, les grands enfants
sont bien ennuyeux !

Qu'un homme ait pu, avec une plume, de
l'encre et un chiffon de papier, en quelques traits
exacts et définitifs, suggérer l'immensité d'une
plaine, la lumière, la distance, comme Millet ; ou
encore Théodore Rousseau à travers d'épaisses
frondaisons taillé son chemin, la plume à la
main, parmi les ronces et les épines d'un de ses
paysages favoris : c'est un mystère, pour nous
autres maladroits, du moins. Or ils faisaient cela
en se jouant.

Quelle avait donc été l'éducation de ces grands
rustiques ? A l'origine, le peintre étant un artisan,
après avoir débuté par un long apprentissage, à
l'âge où d'apprendre est un amusement, sans
préoccupations d'avenir, sans plus que ses camarades des autres métiers, il savait où le mènerait
la route dans laquelle il s'engageait, quels ouvrages
lui seraient commandés. Et quant à la façon de

les exécuter, n'avait-il pas à côté de lui l'exemple du Patron?

Le titre d'élève dont nous ne voulons plus, l'on s'en targuait. Et comme cela devait rendre toutes choses unies!

Les tours de force, la science à la fois de l'architecte, du perspecteur, du paysagiste, celle aussi de l'anatomie ; le dessin, le modelé, la préparation des tons, les glacis, la composition, le *goût*, dont il ne devait même pas être question, étaient « enseignés » successivement, en allant du plus simple au plus complexe.

Les lettres de maîtrise reçues, le jeune artiste n'allait pas avoir à se demander : Quoi faire? Et les murs des demeures à décorer étaient si nombreux, et les brevetés du certificat si rares, que le talent trouvait son emploi.

Mais soudain, chaque manieur du pinceau et de l'ébauchoir s'avisa qu'étant un citoyen libre, il était un génie; l'originalité « *moderne* » était, du coup, *inventée, codifiée.*

Nous aurons pu suivre le développement de cette maladie : *la recherche de l'originalité.* Celle-ci se transforma très vite et eut ses accidents secondaires et même tertiaires, tels que la *sincérité (moderne!).* « Être sincère » a signifié tour à tour « faire

de l'idéal», de la beauté classique, puis de l'académique; copier la nature « servilement » ; peindre en
plein air et fuir les noirceurs de l'atelier; prendre
pour modèle des types populaires ou grossiers ;
éclaircir les colorations; diviser les tons : que
l'artiste n'ait pour but que d' « extérioriser »
plastiquement ses incomparables sensations et les
transcendantales visions de son génie... et nous ne
sommes qu'au début du siècle !

Toute personne passe pour « manquer de sincérité », dont le talent est de tendances contraires
aux vôtres. Un jeune cubiste me dit : je ne sais
pas ce qu'on appelle « *tendances* » je ne connais
que les nôtres... » Comment donc et *pour qui* être
« sincère » ? Comment être « original », se singulariser ? Tel est le cauchemar qui trouble les
nuits du quartier latin et de Montparnasse où
de pâles jeunes gens et de fiévreuses jeunes filles
venus des steppes de la Russie, des fjords et des
pampas, s'anémient entre le poêle ronflant et le
modèle italien des académies de peinture.

Ces étudiants donnent le change au premier
abord ; mais leur ouvrage est celui d'un « servile
imitateur » de quelque peintre moderne, et chaque
semestre ils en préfèrent un autre. C'est ce qu'on
appelera désormais *évoluer*.

18.

Ce qu'on attend d'un professeur, c'est une Esthétique, une Philosophie ou une formule **verbale**, pour le moins, comme à l'académie **Ranson**, où professe M. Maurice Denis. Des estafettes de **Munich**, de New-York et surtout de la **Slade School** de Londres, viennent de prendre le **train** pour la France afin d'y pénétrer les **arcanes du** grand *Rythme*. Et la revue « Rythm » fondée à Londres, est inspirée par Paris qui n'a **jamais** cessé d'être le pays de la peinture; et c'est **encore** sur Paris que comptent les débutants pour y développer leur *sincérité* et leur *originalité*, y trouver leur *rythme*.

*
* *

On a pu remarquer, en parcourant les articles de journaux écrits au lendemain de la **vente** Henri Rouart, le ton des reporters qui avaient couru sonner à la porte de M. Degas afin d'apprendre de lui quelles sensations lui avaient données les enchères (400.000 francs pour une danseuse à la détrempe) — c'est-à-dire, ce que le public, jusqu'auquel le nom de Degas parvenait enfin, appela son triomphe, puisqu'il **fallait** des chiffres pour en décider. L'un de ces **futurs** journalistes arrêta le maître, au seuil de sa **maison** et se mit en devoir *de lui prendre une interview.*

Malheureusement, le dialogue ne nous fut pas transmis ; mais il ressortait de l'article, que le signataire était un enfant, qu'il avait jugé M. Degas, un redoutable aliéné, et qu'apparemment, si la jeunesse ne comprenait pas le langage de ce Mathusalem, celui-ci ne réussissait pas à l'entendre, elle non plus.

Qu'eût pensé M. Degas de conversations de banquette à banquette, entre les curieux et les professionnels de toutes espèces qui se pressaient à moitié asphyxiés dans la galerie Manzi, pendant les premières vacations ? C'était la tour de Babel. Je ne crois avoir souvent eu une preuve aussi affligeante de la complète incompétence des spécialistes mêmes et de leur puérile assurance. Les opinions s'accrochent là où elles peuvent, au petit bonheur. Les noms sont cités pêle-mêle, les plus grands avec les plus inférieurs. On affiche d'écrasants dédains pour tel artiste que vous croyiez définitivement à l'abri de l'opprobre ; ou l'on est condescendant à son égard, on le protège, on plaide les « circonstances atténuantes » en faveur d'une réputation qui a trop duré. Sans les Degas, les Renoir, les Cézanne et les Gauguin, la vente Rouart fût passée inaperçue.

« L'artistomanie » et le *Goût* moderne, c'est un

peu à des étrangers que nous en sommes rede-
vables. Depuis vingt ans, les gens qui se piquent
de raffinement et souhaitent d'avoir autour d'eux
un décor « distingué », n'ont eu à choisir qu'entre
deux styles : le français du xviiie siècle, dont on
a abusé au point de le rendre haïssable ; le style
anglo-américain qui dégénéra en un modern-style
international, plus insupportable encore que le
Louis XV et Louis XVI de chez Dufayel. J'insiste
sur ceci, parce que, j'en suis convaincu, c'est ce
« bon goût moyen », qui, à mesure qu'il faisait
nos appartements peut-être plus confortables,
rendait presque impossible la peinture telle que
les Rouart l'aimèrent. Les gens fortunés n'eurent
plus de cesse qu'ils ne possédassent un Fragonard, un Watteau, au moins un Saint-Aubin ou
un Hubert Robert ; les plus modestes choisirent
des estampes japonaises, puis s'évertuèrent à
découvrir des « jeunes peintres d'avenir ». Les
bariolages, les pochades « gaies » des Indépendants rehaussèrent, pour quelques louis, des pa-
piers de tenture de Maple ou des voiles des Indes.
L'orientalisme nous avait préparés à recevoir la
visite des Russes. Ceux-ci, en une saison de ballets, firent une victorieuse invasion, achevèrent
de nous tourner la tête.

Le peintre des nouveaux intérieurs parisiens aura été M. Édouard Vuillard. Celui-ci, avec une mesure et un tact qui sauve tout, a fait de l'art, et du plus exquis parfois, avec les bambous et les nattes des Galeries Lafayette. Il cueillit des fleurs dans les pâles parterres du square Vintimille et en composa de délicats bouquets à sa façon. Son « goût » n'est pas sans rappeler en France, celui de Whistler. Il procède du « japonisme » et continue Degas, comme observateur de la vie moderne. Il a façonné de fragiles bibelots, parfois des panneaux décoratifs qui tiennent de l'affiche, de l'estampe, du laque de Coromandel, de la vignette et de la cretonne, mais avec tant d'à-propos et d'adresse, que ses ouvrages prendront dans l'avenir une valeur documentaire, à côté de ceux de son camarade Pierre Bonnard, peut-être plus peintre que lui — et de Maurice Denis, imagier de la chambre d'enfant. Maurice Denis est à Puvis de Chavannes, ce que Vuillard et Lantrec sont à Degas. La facilité, l'adresse de main, le charme, rendent leur esthétique plus accessible au public que celle de ces deux maîtres sévères. Ils ont su « plaire » et pourtant gardent leur quant à soi. Ceci n'est pas le moindre mérite de Vuillard et de Denis. Ces artistes délicieux portent en eux-mêmes quelque chose qui répond si bien aux désirs des amateurs d'aujour-d'hui, qu'ils obtinrent dès leur apparition le succès unanime, le prestige, jusqu'ici récompense tardive comme pour Degas, quand elle ne venait pas après la mort.

* *
*

Rue de Lisbonne, lorsqu'une porte s'ouvrait dans l'hôtel Rouart, on s'attendait à voir entrer M. Degas. En effet, autant que le maître du logis, M. Degas était ici chez lui. M. Henri Rouart et M. Degas, condisciples à Sainte Barbe, s'étaient retrouvés sur les remparts de Paris, pendant le siège de 1870-71. M. Degas en couchant comme « moblot » dans une cabane au toit troué et qui laissait filtrer la pluie, s'était aperçu qu'il n'y voyait plus que d'un œil ; voulant servir tout de même, il demanda à M. Rouart de le prendre dans sa batterie ; et depuis lors, les deux patriotes ne se quittèrent plus, ils attisèrent réciproque-ment leur « nationalisme intégral ».

M. Degas donnait un surcroît de prestige et l'appât du fruit défendu à la fameuse collection. De lui, plus que d'aucun des peintres de H. Rouart, il serait nécessaire de tracer un portrait afin de compléter ces notes. C'est à peine cependant si l'on ose, puisque chacun sait que M. Degas est barbelé contre toute approche du public. Mais comment se taire plus longtemps sur un homme vers qui tous les yeux se sont tournés ?

M. Edgard Degas était déjà vieux, que son nom connu de beaucoup, son œuvre l'était à peine. Une vie solitaire, la haine de la réclame, une hautaine et farouche modestie, le tenaient dans son atelier de la rue Fontaine-Saint-Georges, avec des modèles d'après lesquels il dessinait rageusement avec le fusain, les pastels, le pinceau... ou la cire à modeler, car sa sculpture est aussi du dessin. Tout lui était bon pour martyriser la forme, en extraire une cruelle synthèse faite à la fois de l'observation d'un mysogine et d'un chirurgien. Ce Parisien élevé à Naples voit l'homme et la vie contemporaine avec l'œil d'un moderne et d'un Italien du xve siècle. Les plus récents procédés le trouvent prêt à les essayer ; il n'a un intérêt bienveillant que pour la tentative audacieuse où il découvre un mérite, lui qui a surmonté tant de difficultés et se dit un ignorant. « Il a jeté un pont entre deux époques, il relie le passé au plus immédiat présent... » est la phrase courante, en parlant de lui.

M. Degas n'a point à se repentir de s'être dissimulé aux amateurs, à ses amis presque, au lieu de se laisser envahir. C'est autour de 1875 que les amateurs commencèrent à s'attribuer le droit de taper sur l'épaule des artistes et de cambrioler leur atelier. M. Degas comprit la nécesité d'être seul, et les fausses blandices de la publicité, des expositions. Le sauvage isolement de M. Degas, sa sauvegarde d'abord, est devenu dramatique, mais il est trop tard, même s'il en souffre parfois, pour qu'il change. Si nous fûmes naguère quelques lévites à mendier humblement l'aumône de ses vérités didactiques, la file des dévots à sa porte verrouillée menaçait de faire sauter la serrure; et le bel obstiné au visage de vieil Homère ne consentit point à se contredire : il ne serait point visible. D'où l'admiration que l'on a pour sa figure! Son œuvre ne nous suffit pas : c'est lui, c'est sa vie, c'est son maintien d'artiste qui nous émeuvent encore plus que son art, et c'est sa présence qu'il nous faut. De le savoir là, encore debout à côté de nous, et qui juge, nous nous sentons moins désaxés. Nous voudrions tout de même qu'il apparût à sa fenêtre, que sa voix se fît entendre, cette voix de patriarche redoutable et de brave homme.

Et ce qu'il nous dirait!...

Dans l'hôtel de la rue de Lisbonne, M. Degas se montra complètement lui-même, jusqu'au jour où la mort faucha l'un de ses derniers camarades, Il se sentait à l'aise au sein de cette famille de grands travailleurs. Auprès de sa copie de l'*Enlèvement des Sabines* et quelques autres de ses œuvres préférées, sa modestie était moins inquiète qu'auprès de son chevalet et de ses ébauchoirs.

Chez ses amis, dont il était sûr, il débridait sa frénésie de justicier, de fanatique et de « patriotard » des temps révolus : on y flattait ses manies, on partageait ses préjugés. Hors de telles confréries, on n'est plus sûr de ceux à qui l'on parle. Le manque de convictions et d'opinions appuyées sur le savoir et le bon sens national, s'opposent à ce qu'un tel « rabâcheur » de vérités s'exprime à sa façon. Pareil à Cézanne, son nom restera sur l'étiquette de certaines formules d'art, les plus « antitraditionalistes » en apparence, alors que l'homme, par discipline autant que tempérament, restait un classique ; d'où l'attrait de ses maximes et de ses boutades pour les jeunes gens avant le jour où la peinture allait devenir abstraite et théorique.

Si M. Degas eût été moins solitaire, son influence

aurait été combien plus bienfaisante que celle de
Gustave Moreau. — Car le bel esprit de la rue
La Rochefoucauld est responsable d'une bonne
part de notre inquiétude. Comme son ancien ami
Degas, il était une sorte de Savonarole de l'esthétique ; mais le peu d'humanité qui était en lui et
le tour littéraire de son esprit, l'écartèrent de
« la vie », de « la laideur », il se réfugia dans les
mythes, le symbole et les abstractions philoso-
phiques ; il fit de son atelier un souterrain sans
issues où, d'abord, quelques fervents tels des
premiers Chrétiens baissaient la voix en des rites
occultes. Le grand officiant prit toute son ampleur
didactique quand on lui eut proposé d'avoir « une
classe. » Moreau devait séduire ses élèves, et il y en
eut de fort distingués, d'Ary Renan à M. Desval-
lières et aux « fauves ». Au contraire, M. Degas
ne séduisait pas : il faisait peur.

On écrira plus tard sur les débuts, le développ-
pement et les transformations de cette école (1) où
Cézanne succéda au peintre-orfèvre, comme « lea-
der ». De Gustave Moreau à Cézanne : voilà un
chapitre piquant dans l'histoire de la peinture à
la fin du xixe siècle. Cette influence de l'intelli-

---

(1) Je veux parler des néo-impressionnistes, Indépendants... les
« avant-garde » de M. Druct.

gence et du savoir sur la jeunesse désireuse d'apprendre, n'est-ce pas M. Degas qui aurait dû l'exercer ?

Il n'avait pas reçu des leçons d'Ingres, mais « la parole » lui fut transmise par son professeur, Lamothe, de l'École des Beaux-Arts. Le livre d'Amaury Duval « *l'Atelier d'Ingres* » nous prouve la domination, religieuse en quelque sorte, sous laquelle se courbaient toutes ces têtes d'adolescents. Les maximes, les règles, la Foi ingresque devaient se transmettre par des apôtres, assez effacés. M. Degas les reçut de seconde main, mais s'il assimila cette manne, il ne s'en tint pas exclusivement à ce régime trop frugal. M. Degas, malgré ses parti pris, a tout regardé avec un tel intérêt pour l'art et la vie, que je dirais presque qu'il n'est de peintres auxquels il n'ait rendu justice, si même ceux-ci étaient à l'opposé de ses tendances personnelles. Voir « de la peinture », en exécuter, en parler, jamais il ne s'en lasse, parce qu'il l'aime à la fois en homme de métier, en critique et en « amateur », presque en moraliste. Oui, M. Degas est un moraliste ; sa vie entière et son esthétique intime sont celles, aussi, d'un homme de moralité.

Delacroix l'occupa autant que Ingres. M. Degas

sut jouir du génie romantique autant que du
classicisme bizarre de Jean Dominique ; aussi,
quand se fit le groupement des premiers Impressionnistes après 1870, l'ancien élève de Lamothe
s'entoura de ceux qui représentaient alors l'avant-
garde. Du Salon des Refusés, avec Manet, Fantin,
Courbet, Renoir, Cézanne ; des expositions Marti-
net, où passèrent les vrais chefs-d'œuvre de l'école
française (du milieu du siècle dernier), il découvrit une à une les nouveautés « importantes » que
l'académisme repoussait comme un couteau qu'on
fût venu planter dans son sein. M. Degas n'avait
personne à ménager ; les arrivistes et les pédants
ne rencontraient que sa lacérante ironie. « De
mon temps, monsieur, on n'arrivait pas. » Ce
mot rebattu est comme un « leitmotiv », dans
les philippiques de M. Degas.

Il est très rare qu'un homme de l'éducation de cet aristocrate réunisse à une culture
aussi classique, un tel sens du moderne. Comme
« sujets », il n'y en a de si vulgaires que
M. Degas ne juge dignes d'être traités. Par là,
surtout, il prend la place, en tête des réalistes,
puisque *réalisme*, comme locution courante, évoque
l'idée de sujets triviaux, communs et dits « laids. »
Il est un des premiers à sentir, en face de la

« laideur », une « beauté » fraîche et non encore
vue par les peintres. Avant lui, le paysan, l'ouvrier
avait eu ses poètes et Millet l'avait ennobli; Degas,
Parisien, s'occupe du peuple des villes, du paysage
urbain, du rat d'opéra fille de concierge, de la
modiste, de la blanchisseuse, de la femme de
café-concert et de plus bas encore; dans son style
classique, réagissant ainsi contre la conception
idéaliste des autres élèves d'Ingres. S'il fait du
nu : des filles et des ménagères dans leur tub,
s'épongeant, s'essuyant avec leurs serviettes, nous
convient au spectacle de leurs lamentables tailles
délivrées du busc. M. Degas est un cruel ennemi
de la femme. On dirait qu'il garde rancune... Il
ne voit en elle que l'animal. Une de ses amies,
d'une beauté célèbre, lui demandant s'il ne lui
permettrait pas de poser chez lui : — Oui, répond-il, je voudrais faire un portrait de vous;
mais vous mettrez un tablier et un bonnet comme
une petite bonne.

Au contraire, dans sa série des *courses*, c'est
la race, la finesse, qui l'attirent. Ses chevaux
sont des pur sang dont il connaît l'anatomie, en
sportsman ; et la plupart de ses jockeys, vous
eussiez en eux reconnu des amis du peintre, des
« gentlemen riders » à qui M. Degas donne des

bottes de chez le bon faiseur ; il les habille avec
leur « *genre* » si particulier et ne se trompe
jamais, comme tailleur sur les coupes de pardessus correctes, sur le « chic » : le portrait du Comte
Lepic en est un exemple. L'observation, chez
M. Degas qui, tout de même, ne fut pas toujours
un ermite, s'amusa des délicatesses subtiles de la
mode, à l'époque où il était un des habitués de
l'Opéra et du pesage. Il y a eu du « vieil abonné »,
chez M. de Gas (comme il signait autrefois) (1),
et même de l'homme du monde... mais on ose à
peine rappeler des souvenirs qu'il veut effacer !

*
* *

M. Degas, peintre par volonté et intelligence,
est un dessinateur par instinct. Son dessin cruel
est reconnaissable à travers de multiples transformations, dans ses analyses et ses synthèses. Il
faudrait remonter jusqu'à l'origine de sa carrière,
comparer ses derniers pastels aux tableaux à
l'huile de ses débuts : les *Jeux de Jeunes Spar-
tiates*, la *Didon* et quelques autres toiles sèches,
émaciées, lesquelles étaient dissimulées dans la

______

(1) Le grand-père d'Edgar, un M. de Gas du xviii⁰ siècle, poursuivi sous la Terreur, s'enfuit à Naples où il s'établit. Le royaume
lui doit l'importation du « Grand Livre ».

soupente de la rue Fontaine; je ne les ai pas
revues depuis que j'eus l'impudence, élève naïf,
de monter certain escalier en échelle que je redes-
cendis, une fois, plus vite qu'à mon gré.

Je voulais apprendre à dessiner et il me semblait qu'auprès de Degas l'on devrait recueillir
quelques parcelles de son savoir. Il ne trouvait
jamais la forme assez étudiée. « Faites un dessin,
calquez-le, recommencez et calquez de nouveau »,
toujours la même phrase revenait dans mes rêves
même, laissant le but à atteindre lointain, perdu
dans les brouillards de l'avenir. « Il ne faut pas
peindre d'après nature. » Ceci restait incompréhensible pour moi. En effet, éduqués comme
nous l'étions, les édits de M. Degas demeuraient
sans application possible. Sa forme était un mystère.
Ce dessin n'est ni géométrique, ni une arabesque
comme celui d'Ingres, ni construit par de grands
plans, à la façon du sculpteur. Les plans sont
même quelquefois arbitraires, sans rapport rigou-
reux les uns avec les autres. M. Degas est si sensible et si observateur qu'il n'a pas de « canons »,
pas même de ces « tics » qui sont réflexes
de la plupart des artistes aussi nerveux que
lui. Ses figures ont la qualité de certaines maquettes de sculpteur, dont l'armature intérieure

est si d'aplomb que, même si une jambe manque, la figure pèse sur son socle comme s'il y avait deux jambes. Je me rappelle M. Degas frappant le sol de ses deux pieds alternativement, s'affermissant sur le plancher et disant d'un croquis qu'on lui soumettait : « Non ça n'a pas de prise », et il frappait de nouveau le sol comme pour s'y ancrer.

Pendant qu'il exécutait ce grand groupe (inachevé) où je suis représenté avec plusieurs amis, dont Sickert, Gervex et Ludovic Halévy, il se levait et, par le même geste nous indiquait comment « affirmer » nos attitudes ; et ces attitudes sont si bien *saisies*, que, même sans les visages, d'ailleurs à peine ébauchés, l'on nous reconnaîtrait. La tête de Daniel Halévy, garçonnet qui se penche en avant, pour regarder entre ses deux voisins, est typique de la manière de Degas : un nez camard, un menton cassé, la bouche vers l'oreille gauche : pourtant, la figure se complète et c'était Daniel Halévy, dans son volume, ses aplombs, son caractère. Le dessin n'a jamais cessé de s'élargir ; non pas pour cette seule raison, que la vue de M. Degas, mauvaise de bonne heure, ait naturellement noyé les détails dans un ensemble, mais pensons-nous par le développement logique de son intelligence plastique. Ses déformations, ses faiblesses aussi, sont *à côté* mais point *dans* l'image qu'il trace, un peu comme ce morceau que M. Rodin laissera à l'état de moignon, tout contre un sein, un ventre, une omoplate que son pouce aura amoureusement caressés. Quand on a asservi la forme, on peut se détourner de la nature. Vous verrez plus tard les cartons et les albums de M. Degas. Portraits précieux, sous l'influence d'Ingres, draperies aussi belles que les fameuses études de plis de Léonard, mais recouvrant un corps vivant ; chevaux, jockeys, silhouettes de vêtements contemporains.

Le système de composition, chez lui, fut *la* nouveauté. On lui reprochera peut-être un jour d'avoir anticipé le cinéma et l'instantané — et d'avoir, surtout entre 1870 et 1885 — côtoyé « le tableau de genre ». La photographie instantanée, avec ses coupes inattendues, ses différences choquantes dans les proportions, nous est devenue si familière, que les toiles de chevalet de cette époque-là ne nous étonnent plus; mais les *Foyers de la danse*, le *Ballet de Robert le Diable*, et autres scènes chorégraphiques, les courses, les blanchisseuses, les gymnasiarques, enfin tant de tableaux que se disputent aujourd'hui les collectionneurs, personne

19.

n'avait songé avant lui à les faire, personne, depuis, ne mit cette « gravité » — (encore une fois!) — dans une sorte de composition qui profite des hasards du kodak. Toulouse-Lautrec, Forain marchèrent sur les traces de leur maître; mais leurs peintures sont plus amusantes que solides, et de la « notation artiste » à la Huysmans ou à la Goncourt. Je ne parle pas des lithographies où Forain est unique, et Lautrec quelquefois étonnant.

Les éclairages artificiels du soir, l'éclairage de bas en haut que donne la rampe de la scène, renversant les lumières et les ombres; la danseuse, l'acteur, qui cessent d'être nymphe, ou papillon ou un héros, pour retomber dans leur misère et trahir leur vrai condition; la tristesse, sous le fard des pâles miséreux qu'ils seront à Montmartre, les quinquets une fois éteints : encore l'illustrateur caricaturiste, le chroniqueur. M. Degas ne s'arrête pas à ces traits pittoresques. Il a inventé ces « sujets » mais il les traite en peintre d'intérieur, comme un Hollandais du xviie siècle (tableaux de chevalet, de 1870 à 1880); c'est l'époque d'Alfred Stevens, de James Tissot, et de l'Anversois Henri Leys qui, je ne sais pourquoi, était alors admiré pour « sa facture de primitif ». M. Degas, pour retenir sa trop grande facilité de main, essaie de la détrempe, de la colle, procédés qui conviennent moins à son expression plastique que le pastel qu'il manie en grand dessinateur et qui excite le coloriste aux harmonies plus audacieuses. Les tableaux peints à l'huile — danseuses surtout — auront dans cette œuvre de recherches, la place que les Corot, de 1860 à 1870 tiennent dans celle de l'exquis paysagiste; ils partiront pour le cabinet des Ch'uchart de l'avenir. On appelle M. Degas un « impressionniste », parce qu'il fut de ce groupe de peintres que Claude Monet baptisa ainsi; mais M. Degas y était à part. Il appuie, au lieu de « suggérer » par signes sommaires, ou équivalents, comme font ces paysagistes qui n'osant encore donner leurs esquisses pour des « tableaux, les cataloguèrent « impression ».

* * *

Il fallait écouter, lors de l'exposition de la collection Rouart, avant la vente, les propos des visiteurs que décevaient des ouvrages si vantés par nous autres et qui leur paraissaient de simples études d'atelier, ternes, vieillotes et « embêtantes ». C'est que, si « renseignés » que soient les amateurs, ils passeront toujours à côté des notes intimes où l'artiste ne songe qu'à lui-même. D'ailleurs, présentée telle qu'elle fut par les experts, le sens de la collection était faussé, un esprit tendancieux ayant présidé à l'accrochage. Tels Millet étaient cachés sur des panneaux noirs, où l'on avait peine à les retrouver. La partie la moins intéressante pour le public, de cette revue générale de l'école moderne, si éloquente, rue de Lisbonne : les études, étaient étouffées par des pièces de grandes enchères.

Une pareille collection est une confession ; faut-il dire les raisons qu'eurent ces Messieurs Rouart de commettre certains « petits péchés » ? Nous pardonnions leurs partialités, quand nous étions reçus par eux, nous nous rappelions qu'un Cals, un Gustave Colin, un Tillaux avaient vécu avec les maîtres de maison, modestement, faisant partie de la vie d'une famille passionnée, fidèle, donc partiale. Certains voudraient expurger le vénérable capharnaüm du Louvre, le réduire, en faire un pendant au musée de Berlin, à la National Gallery de Londres, ou à telles galeries d'Amérique formées vite et à coup de millions. Certes, celles-ci montrent plus de « tenue », mais nous gardons une tendresse pour notre vieux Louvre, plus libre où l'on est de s'écarter de la foule des touristes et de leurs *ciceroni*.

Les collections Rouart avaient un intérêt historique et social, plus même peut-être que pictural ; aussi déplorons-nous leur dispersion. Combien le petit cadre carré où Cézanne a représenté des baigneurs dans un paysage élyséen, prenait plus de signification rue de Lisbonne — en dépit de ce qu'Henri Rouart en avait pu penser — que tant d'autres, jetés, après avoir été acquis au poids de l'or, pêle-mêle dans ces collections de mode et de vanité que rassemble, pour une très courte durée, un spéculateur avide !... J'aime ces perles entourées de marcassite, qu'elle sertit et fait valoir. Grâce à Dieu ! les Rouart n'avaient pas que des chefs-d'œuvre ; mais rien n'était indifférent chez eux.

Il faudrait décrire ces Messïeurs, avec leurs amis, livrés à eux-mêmes, causant avec cette grâce et cette liberté dans la conviction, que l'intrus changeait en malaise silencieux. Ils ne supportent pas les opinions d'occasion et les faux-fuyants ; ces intransigeants en morale et en politique n'attendent rien de personne, hormis l'estime qu'ils commandent. Un Ingres, un Delacroix sont pour leurs admirateurs et leurs élèves, comme le général pour ses soldats : tel fut M. Degas dans son milieu. Ses façons de capitaine ne conviendraient ni à notre complication, ni à notre souplesse d'esprit. Je gage que les jeunes précieux d'à présent jouiraient peu du commerce avec les survivants de ce monde qui finit. Ils ne sentiraient que le froid de la cuirasse.

L' « artiste », le genre artiste trop répandu aujourd'hui : voilà l'objet des fameux quolibets de Degas et de sa plus profonde horreur. Il n'admet pas l'artiste au-dessus des autres citoyens, une exception et un privilégié. L'homme de bonnes façons ne se fait remarquer ni par ses gestes ni par sa mise. Point de compliments inutiles, point de flatteries. On se disait chez les Rouart ce que l'on pensait l'un de l'autre, sans se ménager ; mais aussi l'on s'entr'aidait mieux.

J'ai eu les derniers échos de la société d'artistes à qui Degas succéda et par celui-ci nous avons connu les braves hommes qu'étaient Millet, Rousseau, Daumier, Corot, Fromentin, Marilhat. Avant l'envoi au Salon, ils faisaient le tour des ateliers de confrères, critiquant ensemble les derniers ouvrages du camarade chez qui ils se rencontraient, trop heureux de découvrir le défaut à corriger, prolongeant ainsi des mœurs d'étudiants qui n'ont pas encore de concurrence à éviter.

On a reproché à Degas de n'avoir pas donné à
Manet — qu'il tenait en si haute estime comme
peintre — toute l'approbation dont l'éternel
insulté lui aurait eu de la gratitude. C'est que l'atelier de la rue Saint-Pétersbourg fut un des premiers
rendez-vous de littérateurs et de publicistes.
Quand le portrait d'Albert Wolff était encore sur
le chevalet, attendant des séances trop espacées :
« De quoi vous plaignez-vous? Il écrit un article
sur vous, c'est pour cela qu'il n'est pas venu
poser... » Le cabotinage parisien lui semblant
être le plus bas des vices, Degas s'est gourmé de
plus en plus, jusqu'à devenir impitoyable, san-
glant, zélateur et martyr de la solitude. Aussi
bien les mardis de la rue de Lisbonne étaient-ils
des délassements bienfaisants après des journées
de tête-à-tête avec le modèle et la fidèle servante
Zoé. Causeur éblouissant, spirituel, il connaissait
son public. Plus souvent encore que de peinture,
il parlait des gens, racontait des anecdotes de
l'époque de Napoléon, dont le Mémorial était, avec
de Maistre, une de ses lectures favorites.

Pour qui travaillait-il? Voilà ce qu'on demande
souvent, de celui qui n'exposait jamais et refusait
de vendre ses tableaux. En vérité une pudeur
excessive finissait par le contracter dans une

paradoxale attitude comme d'un Liszt qui n'eût
voulu jouer que sur un piano au clavier muet. Il
paraît que de tous ses tableaux passés dans les
collections Rouart, pas un seul ne fut acheté
directement à lui-même. Je crois avoir discerné
chez lui une méfiance, des doutes, qui augmen-
tèrent avec sa célébrité ; il ne fut jamais content
de lui. Hier encore, comme quelqu'un l'abordait
à la galerie Manzi et lui demandait s'il était fier
d'une de ses toiles de trois cent et quatre cent
mille francs, il s'approcha, dit-on, et montra ce
qu'il aurait voulu y corriger.

Pathétique promenade, un matin d'hiver, du
vieil artiste inspirateur et conseiller de ses amis
défunts, qui vient assister à son procès et à *sa
vente* dans une salle où son plus secret désir et
ses espérances vont s'évanouir. Le maître revoit
une dernière fois ses peintures qu'il croyait pour
toujours chez ses amis, protégées contre les
indiscrets, les snobs et les spéculateurs, surtout
contre les prétendus délicats qui l'impatientent
comme les applaudisseurs d'Oronte, Alceste. Le
misanthrope de Molière, aussi bien, n'est pas
sans parenté avec M. Degas.

> Le méchant goût du siècle en cela me fait peur,
> Nos pères, gens grossiers, l'avaient beaucoup meilleur.

Suivons ce jeune élégant, riche « intellectuel » à pelisse de fourrure, qui prend des notes, non sur le catalogue de la vente, mais dans son album de poche. Quelqu'un lui dit : — Que choisissez-vous ? Vous allez faire de nombreuses acquisitions demain ? — Oh ! non, je me cultive... je tâche de comprendre comment il *amène* le rouge, répond-il avec une naïve emphase.

Un monsieur aborde Degas qui est en train de critiquer le fond de la toile *Danseuses à la barre* pour laquelle un milliardaire de Boston a donné une commission de 500.000 francs — toile que Degas a voulu toujours retravailler, mais que Rouart ne lui a voulu confier, par crainte de ne plus jamais la revoir ; le monsieur juge à propos de demander au peintre s'il est fier de lui : — Nous le sommes de vous — et nous préférons vos tableaux au Degas du nationalisme qu'ils nous aident à oublier.

Il ne tient pas à ce genre d'hommages, le solitaire, le misanthrope. Ceux qui l'apprécient comme homme, le touchent infiniment plus que ceux qui ont établi sa gloire d'Indépendant, de soi-disant Révolutionnaire, en même temps qu'ils rabaissaient ses maîtres *à lui*. Donc, tant d'études de Corot, à leur place sur les murs d'un atelier,

elles vont partir emportées par de faux fervents,
se refroidir, faire parler des assoiffés de lucre,
elles ne seront plus qu'au tant de billets de banque
dans des bordures d'or. La suite d'Oronte dont les
« expressions ne sont point naturelles », au langage
appris et qui sonne faux, l'a-t-il évitée pendant plus d'un demi-siècle pour s'en voir sur
le tard, suivi comme par un cortège de thurifé-
raires? Et il a ses raisons de dire qu'il a été
méconnu. Il y a un fossé entre le public et lui.

Le magnifique enseignement qu'est la gloire
tardive, la subite popularité du nom de M. Degas!
Le fait est si singulier et si beau, qu'on se deman-
derait volontiers s'il n'a pas lui-même combiné,
comme un extraordinaire metteur en scène, les
dernières après les premières scènes de sa propre
histoire.

M. Degas sentait venir ce qui est venu; ce
grand et noble artiste fut écœuré avant les
autres, de la folle mascarade qui s'organisait au
dehors. — Monsieur, ne m'appelez pas cher
maître, s'il vous plaît : c'est ainsi qu'il inter-
rompait hier les questions des reporters venus
à son logis, excités par les enchères de la vente
Rouart. Ensuite, de sa main qui est maintenant
un œil supplémentaire pour lui, tâtant un de

ses tableaux fameux d'autrefois, comme on lui demandait son opinion : — Je ne crois pas que celui qui l'a fait soit un sot; mais je sais bien que celui qui l'a acheté si cher est un... c...

S'il est vrai que chacun a le visage qu'il mérite, combien celui de M. Degas nous le prouve! — Je ne l'avais pas revu depuis les séances qu'il m'accorda pour son portrait : à peu près le seul qui existe. C'est à la galerie Manzi que je l'aperçus de nouveau, assis droit sur sa chaise, au milieu des tableaux préparés dans la coulisse avant d'être présentés au public. Le maître me sembla plus peut-être qu'il y a dix ans, avoir une beauté grave et presque sacerdotale. Une grande paix, un air de santé ont égalisé les traits allongés et lourds de cette blanche physionomie concave où éclate le vermillon de deux lèvres saines. Les lourdes paupières s'abaissent sur ces yeux qui ont été si perçants et ne distinguent plus, depuis trop longtemps, qu'une partie à la fois des objets : ancienne préoccupation, combien angoissante! de l'inlassable observateur.

Il se leva pour s'en aller; et soudain se profila devant moi la silhouette entière de son corps; à certains moments l'attitude de M. Degas est celle d'un chef d'escadron sur le terrain de manœuvre;

s'il fait un geste, ce geste est impérieux, expressif comme son dessin ; mais il reprend bientôt une position défensive comme d'une femme qui cacherait sa nudité, habitude de solitaire qui voile sa personnalité ou la protège. Et une profonde tristesse m'envahit à nouveau, de ne pouvoir aller saluer cet homme irréductible qui me rendit responsable d'avoir laissé reproduire dans « *le Studio* » (sans que j'aie su comment s'était commise l'erreur), son portrait, lequel il m'avait fait promettre que je ne livrerais de son vivant à la curiosité du *public!* (1).

F I N

---

(1) Offranville, 20 octobre 1918.

J'achève de corriger les épreuves de ce vol. I, le jour que s'ouvre l'*Emprunt de la Libération* — dans le triomphe de nos armes. Degas aura traversé les plus terribles phases de cette guerre en l'ignorant, et erra comme un aveugle et un sourd par les rues noires de Paris. Le fonds de son atelier fut vendu sous les obus du *canon-monstre*. Il n'eut pas le bonheur d'assister à *la Revanche!* quand Siegfried, qui feint d'avoir tué Fafner, demande ses lettres de grande naturalisation, pour entrer dans la Compagnie Limited que fonde le Président Wilson !

TABLE DES MATIÈRES

	Pages.
Préface.	I
Fantin-Latour	1
James Mac Neill Whistler	51
Charles Conder	93
Anbrey Beardsley	111
Quelques notes sur Manet	133
Gustave Ricard	153
Après une visite à Louis David	169
Quelques mots sur Ingres	187
Sur les routes de la Provence. — De Cézanne à Renoir.	201
Notes sur la peinture moderne	245

IMPRIMERIE CHAIX, RUE BERGÈRE, 20, PARIS. — 9990-6-17. — (Encre Lorilleux).